Next 教科書シリーズ

教育の方法・技術論

渡部 淳 編

弘文堂

はじめに

　本書は、主として教員養成課程の必修科目である「教育の方法・技術」を学ぶ人たちのために編んだものである。しかし、すでに教職に就いている方々、また教育に関心のある一般市民の方々にも読んでいただける本になっている。
　本書が、大きく以下の3点を基本方針としているからである。
　第1は、「主体的、対話的で深い学び」（アクティブ・ラーニング）時代にふさわしい教科書を目指したことだ。
　新しい学習指導要領では、かつて例を見ないような大改革が提案されている。教育方法についても、これまでのように、ディベートやプレゼンテーションなど個別の指導技法の導入にとどまらず、学習システム全体の改革を求めるものになっている。
　これは「ティーチングからラーニングへ」、「リテラシーからコンピテンシーへ」、という世界的なパラダイムシフトに対応したものと言える。
　こうした動向を受け止めるべく、アクティブ・ラーニング時代に対応できる、斬新な内容を盛り込んだ教科書となっている。
　第2は、現在進んでいる改革の内容やこれからの新しい教師像が浮き彫りになる教科書を目指したことだ。
　このことはとりもなおさず、学習者がこれまで経験してきた「教室の学び」を、歴史的視野、国際的視野で相対化して捉えることができる教科書であることを意味する。
　文部科学省が、教職課程カリキュラムの構成基準として「コアカリキュラム」を策定している。「教育の方法及び技術」については、全体目標として「これからの社会を担う子供たちに求められる資質・能力を育成するために必要な、教育の方法、教育の技術、情報機器及び教材の活用に関する基礎的な知識・技能を身に付ける」こととしている。もちろんこの課題も、十分にクリアする教科書であることが意識されている。
　第3は、実際にアクティブ・ラーニングを経験しながら、その指導法についても学べる教科書を目指したことだ。

そのため、読者が、個々人でテキストとして読むことはもちろん、授業でグループワークに取り組むことも想定して内容を構成している。
　本書は、読むだけでなく、ディスカッションやプレゼンテーションなどのタスク（課題）に取り組み、使いこなす教科書でもある。
　本書を十全に読みこなし、使いこなすことで、「教育の方法・技術」を学ぶ意義を体感していただければ、と願っている。

　2019年1月

編者　渡部　淳

目　次　Next教科書シリーズ『教育の方法・技術論』

はじめに…iii

第1章　総論…1

1　教育の方法・技術論へのアプローチ…2
　　A. 自分の授業体験を相対化してみる…2
　　B. 目標・内容・方法・評価の密接な関係…3

2　知識注入型授業から参加・獲得型授業への大きな流れ…4
　　A. 方法が教育改革の焦点になる時代…4
　　B. アクティブ・ラーニングは多様な学習形態を含むもの…5

3　本書の構成――第2章から第10章まで…7
　　A. 第2章から第4章――学習指導を支える制度的条件と歴史的経緯（学校＋教師たちの歩み）を確認する…7
　　B. 第5章と第6章――学習理論や学力論の国際的動向を探り、日本との関わりを考える…8
　　C. 第7章と第8章――近年の新しい動向を知り、その動向がどんな可能性に開かれているのかを考える…9
　　D. 第9章と第10章――アクティブ・ラーニング時代の教師に求められる資質と授業スタイルを探る…10

4　教師に求められる資質の変化…10
　　A. 学び方指導のプロとは…10
　　B. 「見る身体」と「見られる身体」の往復…11
　　C. 教師としてのライフコースをイメージする…12

第2章　学習指導を支える基礎的要件…13

1　教育課程とカリキュラム…14
　　A. 教育課程と学習指導要領…14
　　B. 学習指導要領と「学習権」をめぐる論議…15
　　C. 教育課程の編成と教師の力量…16

2　学習指導と学校の教育資源…18
　　A. 教育資源とは何か…18
　　B. 学校における教育資源活用の課題…19

3　教員養成と教師トレーニング…23
　　A. 教員養成段階における「実践的指導力」の育成…23
　　B. 校内研修の改革…24

4 学習指導と評価…25
　　A. 授業と評価…25
　　B. 評価の3側面と評価の種類…26
　　C. 評価方法…27
　　D. 指導要録…29

　●知識を確認しよう…30

第3章　学校教育と教育方法の変遷…31

1 近代学校の成り立ちとその特徴…32
　　A. 近代社会・近代国家と教育…32
　　B. 近代公教育制度の成立…33
　　C. 近代教授の確立…33
　　D. 世界新教育運動…35
　　E. 第1次・第2次世界大戦以降…36

2 日本における学校制度の成立とその特徴…37
　　A. 前近代の教育…37
　　B. 近代学校制度　学制…38
　　C. ペスタロッチ主義教授法…38
　　D. 近代教育制度の確立…39
　　E. ヘルバルト主義教育学…39
　　F. 国民教育…40

3 大正以降の学校と教育方法…41
　　A. 大正自由教育・大正新教育…41
　　B. 昭和期（戦前）…42

4 第2次大戦以降の日本の学校と教育方法…43
　　A. 昭和期（戦後初期）戦後新教育…43
　　B. 戦後教育からの転換　系統主義…44
　　C. 教育の量的拡大と教育内容の現代化…45
　　D. 教育の質の改善──ゆとり教育…45
　　E. 新しい学力観・生きる力・総合的な学習の時間…46
　　F. 知識基盤社会──確かな学力…47
　　G. 学び方・考える方法を学ぶ──社会に開かれた教育課程…47

　●知識を確認しよう…48

第4章　戦後日本の教育実践と実践研究…49

1 さまざまな教育団体の登場と教師の力量形成…50
　　A. 戦後日本における教師の力量形成…50
　　B.「問題解決学習」と民間教育研究団体の誕生…53
　　［コラム］学問と科学の未来…56

2 教育実践の事例…57

3　日本の教育実践の世界への発信…61
4　実践研究の新しい動向…62
　　●知識を確認しよう…66

第5章　日本に影響を与えた学習理論の諸相…67

1　構成主義の萌芽――ヴィゴツキーとピアジェ…68
　　A. 教授主義からの脱却…68
　　B. 構成主義――ピアジェ…69
　　C. 構成主義から社会構成主義へ…70
2　日本におけるヴィゴツキーとデューイの受容…72
　　A. ヴィゴツキーの「発達の最近接領域論」…72
　　[コラム] ヴィゴツキーの生涯…73
　　B. 経験主義の教育――デューイ…74
　　[コラム] 教育はほんとうにいいもの？…76
3　今日の社会構成主義の学習理論…77
　　A. 活動理論――レオンチェフからワーチへ…77
　　B.「文化的実践への参加」としての学習――レイブ＆ヴェンガー、エンゲストローム…78
4　「教え」から「学び」への転換…79
　　A. 子どもの権利条約と「学習の転換」…80
　　B. PISA――学習指導要領の影響…81
5　省察的実践家――ショーン…82
　　●知識を確認しよう…84

第6章　学力論の国際的動向…85

1　OECDの国際学力テストの実際…86
　　A. 新学力観とPISA型学力…86
　　B. 学力の計測（A問題・B問題）…87
　　C. 新学力観を柱とする教育改革…88
2　学力観の変容…90
　　A. 学習指導要領の変遷…90
　　B. PISAによる学力の定義（コンピテンシー）…91
3　IBと教育方法…94
　　A. 国際バカロレアとは何か？（グローバル化において希求される学力）…94
　　B. 文科省が注目するIBプログラム…95
　　C. 学習者像と具体的なプログラム内容…96
4　フィンランドなどのプロジェクト学習の特徴…98

A. フィンランドはPISA型学力の優等生なのか？…98
B. 実践例（課題解決・プロジェクト学習型の授業）…99
［コラム］「問う」ことと「答えられる」こと…101

●知識を確認しよう…102

第7章　日本における総合学習の動向…103

1　日本における総合学習の歴史…104

A.「総合学習」とは何か…104
B. 日本総合学習史…104

2　「総合的な学習の時間」の登場と教育方法…109

A.「総合的な学習の時間」の新設とその後…109
B.「総合的な学習の時間」における教育方法／学習指導…110

3　総合学習の実践事例（小中高校）…111

A. 和光小学校の総合学習「ヒロシマ」および「沖縄」…111
B. 千葉県佐倉市立小・中学校の「佐倉学」…113
C. 福岡県立城南高等学校の「ドリカムプラン」…114

4　総合学習と教科学習の今後…115

A. 総合学習の今後──教師を魅了する総合学習…115
B.「学力≠考える力」という問題…116
C. 庶民から敬遠される総合学習、期待される教科学習…117
D. 教科学習の今後──庶民の期待と教師の困難…117
E. 総合学習による「学力」達成は可能か…118

●知識を確認しよう…120

第8章　ICTと学習材の活用…121

1　情報環境の急激な変動…122

A. 第3の波…122
B. 個別化と双方向化…123
C. ビッグデータ…124

2　ICTが学校に与える影響…125

A. 職員室業務のデジタル化…126
B. 授業展開のデジタル化…127
C. 子どもたちだけの世界…127

3　効果的な活用の事例…128

A. 小学校…128
B. 中学校・高等学校…130
［コラム］ライブに人が集まるわけ…133

4　学習材の広がりと今後の対応…134

　　　　A. 個別化・双方向化のさらなる進展…134
　　　　B. プログラミング教育の導入…134
　　　　C. 主体的な学びの支援…135
　　5　むすび…136
　　　　●知識を確認しよう…138

第9章　アクティビティの活用と指導技術の変容…139

　　1　学び方改革の動き…140
　　　　A.「アクティブ・ラーニング」の目指すもの…140
　　　　B. アクティブ・ラーニングに先行するさまざまな試み…140
　　2　アクティビティの定義とカテゴリー…141
　　　　A. アクティビティとは何か…141
　　　　B. アクティビティのカテゴリー…142
　　3　アクティビティ紹介と活用事例…146
　　　　A. アクティビティ紹介…146
　　　　B. アクティビティ活用事例…148
　　4　新しい指導技術——指導技術の変容…152
　　　　A. 新たな課題に応じた指導技術…152
　　　　B. アクティブ・ラーニング型授業（AL型授業）に求められる指導技術とは…152
　　　　C. アクティビティ運用熟達の道筋…155
　　　　●知識を確認しよう…156

第10章　ワークショップで学ぶ教育方法…157

　　1　教師と学習者の関係性について考える
　　　　——生徒と向き合う教師の側の身体性と構え…158
　　　　A. テーマの解説…158
　　　　B. 資料…158
　　　　C. タスク…161
　　2　ユネスコ関連文書で教育方法を考える——「学習の4本柱」とは…163
　　　　A. テーマの解説…163
　　　　B. 資料の解説…164
　　　　C. タスク…164
　　3　授業で行う表現力トレーニング——海外生の作文を素材に考える…165
　　　　A. テーマの解説…165
　　　　B. 資料…166
　　　　C. タスク…168

参考文献…171

資料編…175

  1. 教育基本法…175
  2. 高等学校学習指導要領…178
  3. ユネスコ学習権宣言…181
  4. ユネスコ国際教育指針…183
  5. ユネスコ児童の権利条約…186
  6. ユネスコ21世紀教育国際委員会報告書…189

おわりに…199

索引…200

編者・執筆者紹介…206

第1章 総論

本章のポイント

　これから教育の方法・技術について学ぶ読者に向けて、本書を使いこなすためのヒントを提供すること、それが本章の目的である。

　大きく4つのポイントがある。第1は、教育の方法・技術を成立させている要件を考えること。第2は、日本の「学び方改革」の大きな流れについて考えること。第3は、全10章がどんな流れで構成されているのか概観すること。第4は、これからの教師に求められる資質について考えることだ。

　これら4つのポイントを見ることで、教育の方法・技術を学ぶことの意義を実感していただけたらと願っている。

1 教育の方法・技術論へのアプローチ

A 自分の授業体験を相対化してみる

　何のために教育の方法・技術を学ぶのだろうか。この問いには、次のように答えられる。今教育現場で実際に使われている方法・技術にどんなものがあるのかが分かること、そしてそれを効果的に使いこなすのにどんな道筋をたどればいいのか見通せるようになることだ、と。

　これが方法・技術を学ぶ基本スタンスである。しかし、理解するだけならともかく、方法・技術を習得し、実際に使いこなす道筋まで見通すのは、そう簡単ではない。なぜ難しいのか。

　読者のみなさんは、これまでさまざまな授業を体験してきた。言わば授業を「受ける側」のプロである。今抱いている良い授業というもののイメージも、多くの場合、これまで受けてきた授業での体験がもとになっている。

　しかしこれからは、授業を「受ける側」（生徒・学生の側）の立場はもちろんのこと「運営する側」（教師側）の立場からも考えることになる。運営する側から見るということは、方法・技術の種類や効果、活用のねらいを知るだけでなく、それがどのようにして生まれ、どんな方向に変わっていこうとしているのかなど、より広い視野から方法・技術にアプローチすることを意味する。先ほど、そう簡単ではないと述べたのはそういうことだ。

　また、「運営する側」の視点が加わると、授業を見る角度も変わってくる。ものの見方の変化が新しい気づきにつながり、これまで見えていなかったものが少しずつ見えてくるのだ。その結果、あなたが今まで持ってきた良い授業というもののイメージ自体が揺さぶられる可能性も大いにありうる。そう考えると、教育の方法・技術を学ぶことが、これまでの授業体験を相対化する行為と密接につながっていることがわかる。

　比喩的に言えば、教育の方法・技術を学ぶことは冒険の旅に出ることである。それがどんな旅かと言えば、自分がなりたいと思う教師像を見つける旅である。ひょっとしたら平坦なプロセスではないかもしれない。しかし、新しい発見に満ちた旅であることは間違いないだろう。

B　目標・内容・方法・評価の密接な関係

　以上の前提を確認したうえで、第1のポイントである教育の方法・技術を成立させる要件を考えてみよう。方法・技術とは言っても、それだけが単独で機能している訳ではない。「目標―内容―方法―評価」という4つの要件が、関連し合って成立している点がここでのポイントである。

　よく「教育の方法と内容は表裏一体の関係にある」と言われる。内容とうまく組み合わさることで初めて、方法がその効果を発揮するという意味である。

　たとえば、教科書のある単元（内容）を授業で取り上げる場合で考えるとわかりやすい。同じ単元を扱う場合でも、そこでどんな授業スタイル（方法）を採用するかによって、学習者が習得するものが違ってくる。

　ある単元の授業をするとき、教科書の要点を講義で解説する「チョーク＆トーク」のスタイルを教師が選ぶとすれば、この場合、その単元に関わる知識の伝授をまずは課題（目標）としていることになる。一方、これとは違って、あらかじめ教科書の当該単元を読ませたり、関連事項について調べさせたりしたうえで、授業時間にディスカッション／ディベートをする場合、知識の伝授というよりも生徒自身による知識の収集、さらにはその知識を活用したより深い学びの成立を目標にしていることになる。

　このように見ると、「内容―方法」が密接な関係であるだけでなく、「目標―内容―方法」が切り離せない関係にあることがわかる。

　さらに現在では、教育の「目標―内容―方法―評価」を一体的に捉える考え方が普及してきている。

　図1-1の「教授・学習のプロセス」は、授業を成立させる4つの要素の関係を示している。そのプロセスだが、通常は、まず教育目標を設定し、その目標の達成のために内容と方法を組み合わせた授業をデザイン・運用し、授業が一区切りを迎えた段階でその成果を評価する、という流れが想定される。この場合、図の上から下へと時間が流れている。

　だが、4つの要素の関係をさらに詳しく見ると、次のようなことが見えてくる。まず、内容と方法の間にある2重線は、両者が表裏一体の関係にあることを示している。

　一方、内容と方法の関係以外は、すべてが両方向の矢印でつながってい

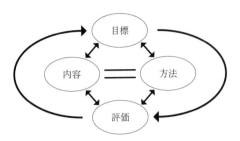

図1-1 教授・学習のプロセス

る。この両方向の矢印は、授業の流れというものが、先ほど例示したような、図の上から下へという一方向の流れでは必ずしもないことを示している。

たとえば「評価」に着目してみると、次のようになる。学びの励ましとして行われる評価には、学習指導に先立って行われる診断的評価、実際の指導の過程で行われる形成的評価、指導の区切りで行われる総括的評価（詳しくは**第2章参照**）の3種類がある。学習のあらゆる段階に評価があるということだ。このため、「評価」を起点として「内容」や「方法」に向かう上向きの矢印が生まれることになる。「目標」と「評価」の関係も同じで、あらかじめ両者を一体としてデザインし、ルーブリック（評価基準表）を作ってから授業を実施することで、上向きの矢印が生まれている。

これら4つの要素が、密接な関係にあるということは、図中の何かの要素が大きく変わると、否応なく他の要素にもその影響が波及することを意味する。次節で見る主体的・対話的で深い学び（アクティブ・ラーニング）の例で言うと、主に教育方法をめぐる改革に注目が集まっているのだが、方法の改革は必然的に他の3つの要素の改革にもつながっていく、そんなダイナミックな関係を形成しているのである。

2 知識注入型授業から参加・獲得型授業への大きな流れ

A 方法が教育改革の焦点になる時代

ではここから、第2のポイントである最新の「学び方改革」について見

よう。具体的には、第2章以下で繰り返し触れる「主体的・対話的で深い学び（アクティブ・ラーニング）」の導入をめぐる動きである。ここでのポイントは、方法そのものが教育改革の焦点となってきたことだ。

第3章で詳しく述べられているが、明治時代から今日にいたるまで、日本の学校の教授定型として根を下ろしてきたのは知識注入型のスタイルである。大正自由教育など、それぞれの時代にさまざまなチャレンジがあったものの、主要な教授スタイルは概ね変わらないままだった。そのことが、一定の教授効率を確保するのに役立ってきた面も否めない。

その点からすると、今回の学習指導要領は、教育課程の大転換を提起するものである。新学習指導要領に先立って出された2016（平成28）年12月の中教審答申では、新しい時代に必要となる資質・能力として、①生きて働く「知識・技能」、②未知の状況にも対応できる「思考力・判断力・表現力」、③学びを人生や社会に生かそうとする「学びに向かう力・人間性」という3つの柱が挙げられている。これらの資質・能力を、「何を知っているか」という観点だけでなく「何ができるようになるか」という観点にまで発展させて捉え、それを可能ならしめるものとして「主体的・対話的で深い学び」が位置づけられている（2016年答申　21ページ）。

教育の内容と方法ということで言えば、学習指導要領が「告示」として法的拘束力を持つようになった1958（昭和33）年の指導要領から、改訂のたびに問題になってきたのは専ら内容の方だった。指導方法については、これまでディベートなどの個別的技法が例示・推奨されることはあっても、今回のように学習システムそのものの改革が提起されたことは1度もなかったと言ってよい。この1つをとっても、大きな転換点に差し掛かっていることがわかる。

B　アクティブ・ラーニングは多様な学習形態を含むもの

ただ、アクティブ・ラーニングを文科省が明確に定義している訳ではない。用語の曖昧さが解釈の多様性を生み、それが活発な議論につながっている面も確かにある。

例えば溝上（2014　10-11）は、アクティブ・ラーニングを「一方向的な知識伝達型講義を聴くという（受動的）学習を乗り越える意味での、あらゆる

能動的な学習のこと。能動的な学習には、書く・話す・発表するなどの活動への関与と、そこで生じる認知プロセスの外化を伴う」ものと定義している[1]。

一方、山地（2014）は、図1-2の通り、4象限のモデルで、アクティブ・ラーニングを整理している[2]。

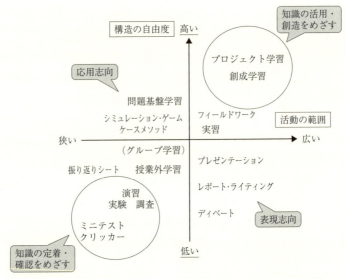

図1-2　アクティブ・ラーニングの多様な形態（山地弘起氏作成）

これを見ると、左下の象限にあるミニテストや振り返りシートの作成から右上の象限にあるプロジェクト学習まで、つまりはごく簡単な学習者の参加に始まり、学習者自身が主体的にテーマを設定して探究に取り組むタイプの学習まで、実に幅広い形態をアクティブ・ラーニングに含ませていることがわかる。

ここで使われるアクティビティ（学習技法）は、リサーチワーク、ディスカッション／ディベート、プレゼンテーション、シミュレーションなど、多種多様である。

このことから、1990年代前半にあった「ディベート・ブーム」の頃と違って、アクティブ・ラーニング時代の教師には、いろいろな種類のアクテ

ィビティを使いこなす力が求められるようになったことがわかる（詳しくは**第9章**参照）。

以上の通り、読者のみなさんは、これまでの教師が経験したことのないような、大きな変化の時代を生きていくことになる。

3 本書の構成——第2章から第10章まで

第3のポイントである本書の構成を見てみよう。本書が幅広い領域をカバーしていることから、4つのまとまりに分節化して紹介している。

ここでの大切なポイントは、必ずしも2章から10章まで順番に読み進める必要がないということだ。どこから読み始めても一向に差し支えはない。まずは興味を持てそうなブロックから読んでみる、というやり方もあるだろう。

A 第2章から第4章——学習指導を支える制度的条件と歴史的経緯（学校＋教師たちの歩み）を確認する

[1] 第2章　学習指導を支える基礎的要件

ここでは学習指導を支える制度的な条件がさまざまな角度から解説されている。まず章の前半では、キーワードとなる、教育課程、カリキュラム、学習指導要領、教育資源などの概念がわかりやすく説明される。

それに続けて、大学の教員養成と現場での教師トレーニングの現状がどうなっているのか、さらには学習指導と切り離すことのできない評価の仕方の基本的な考え方がどうなっているのかなどの問題が、幅広く取り上げられている。これらを通して、学校で採用される学習指導の方法が、さまざまな条件に規定されているものであることが浮き彫りになってくる。

[2] 第3章　学校の歴史と教育方法の変遷

ここでは主に日本における明治以降の学校教育の展開と教育方法との関わりが、歴史的視点で跡づけられている。とりわけ、西欧における近代

公教育の成立から現在までの流れと、日本の近代学校の成立から現在までの流れが、パラレルに展望されている点が特徴である。

具体的には、ペスタロッチやヘルバルトの教育論の影響の大きさ、第2次大戦後の新教育に見られる経験主義から系統主義への転換、ゆとり教育と生きる力の問題など、それぞれの時期を特徴づける論点が解説され、学習指導のあり方がさまざまな影響を受けて変遷してきた様子が、浮き彫りにされている。

[3] 第4章　戦後日本の教育実践と実践研究

ここでは主に第2次大戦後に登場したさまざまな民間教育団体や著名な実践家がどのような実践を展開し、どんな授業研究を行ってきたのかを解説することで、教師の成長がどう図られてきたのかが明らかにされている。

コア・カリキュラム連盟、斎藤喜博、白井春夫などの取り組みが具体的事例をもとに解説されていることから、職業的使命感を持って実践に取り組んできた教師たちの足跡を知ることができる。国際的にも高い評価を受けている日本の「レッスン・スタディ」が、こうした現場での自発的で地道な実践研究に支えられてきたことも見えてくる。

B　第5章と第6章——学習理論や学力論の国際的動向を探り、日本との関わりを考える

[1] 第5章　日本に影響を与えた学習理論の諸相

ここでは主に世界的規模で進む「学習の転換」に大きな影響を与えたとされるヴィゴツキーの社会構成主義の理論が、それにつらなるさまざまな学習理論と併せて紹介されている。内容項目には、構成主義の萌芽をなすピアジェの学習理論、ヴィゴツキーおよびデューイ理論の内容と日本での受容問題、さらにはレイブ＆ヴェンガー、エンゲストローム、ショーンなどの理論が含まれる。

これらの理論が、日本の学習観の転換にどういうインパクトを与えることになったのかが、それぞれの理論をつなぐ関係とともに考察されている。

[2] 第6章　学力論の国際的動向

　ここでは「リテラシーからコンピテンシーへ」などの言葉で表現される学力観の変容が、国際的にどんな流れを形成しているのかが多様な角度から解説されている。具体的には、日本の新学力観と PISA 型学力の関係、PISA の定義するコンピテンシーと国際バカロレアの描く学習者像、フィンランドのプロジェクト学習の実際とそのねらいなどが内容になっている。

　これらの多様な論点を通して学力というものが国際的にどういう状況にあり、そこから日本の教育がどういう示唆を得られるのかが探られている。

C　第7章と第8章——近年の新しい動向を知り、その動向がどんな可能性に開かれているのかを考える

[1] 第7章　日本における総合学習の動向

　ここでは主に総合学習をめぐる日本の動向が広く解説されている。内容項目としては、大正新教育の時期から続くさまざまな試み、「総合的な学習の時間」の導入にいたる歴史的経緯とそこで想定されている教育方法の特徴、学習指導要領との関わり、地域性を活かした実践の事例、総合学習と教科学習の関係、今後のあり方などである。

　総合学習をめぐる立場の違いや学力観に与えるインパクトなど、論争的なテーマについても、歴史的・国際的な視野から考察されている。

[2] 第8章　ICT と学習材の活用

　ここでは学校における情報環境の変化が、これまでの教材・学習材の考え方などにどんな影響を与えつつあるのか、それを最新の具体例とともに解説している。内容項目としては、パラダイムシフトと情報革命（第3の波）、個別化と双方向化の進展、ビッグデータ、職員室業務や授業のデジタル化、ICT を効果的に活用した小学校、中学校・高等学校の先進的な実践事例、教員に求められる資質などである。

　トフラーが言うパラダイムシフトの時代を生きる教師には、学習者と ICT の良き仲介者の役割を果たすことが期待されている、と説かれている。

D 第9章と第10章——アクティブ・ラーニング時代の教師に求められる資質と授業スタイルを探る

[1] 第9章 アクティビティの活用と指導技術の変容

ここでは主にアクティブ・ラーニングの成立にとって不可欠な要素であるアクティビティの役割が、その活用によってどんな学びの可能性が開けるのかなど、さまざまな角度から解説されている。

内容項目としては、協同学習や獲得型学習などアクティブ・ラーニングに先行する学習者主体の学びの流れ、AL型授業を成立させるのに必要となるアクティビティの種類、アクティビティを活用した実践事例の紹介と分析、さらには教師側の指導技術の熟達にいたる道筋などで、これらの論点が総合的に論じられていることが特徴である。

[2] 第10章 ワークショップで学ぶ教育方法

読者のみなさんが、本書に掲載された読み物資料をリソースとして活用し、実際にアクティブ・ラーニングを体験したり、その体験を共同で振り返ったりすることを通して、参加・獲得型授業の指導方法を実践的に学ぶことを目指した章である。

最初に子どもの書いた作文などの資料を読んでから、それをもとにしたテーマで、タスク（ディスカッション、プレゼンテーションなど）に取り組み、そこで得られた知見をそれぞれにまとめてもらうことになる。

4 教師に求められる資質の変化

A 学び方指導のプロとは

それでは、第4のポイントであるこれからの教師に求められる資質を考えてみよう。ここで必要となるポイントは、今起こりつつある大きな変化の方向に沿って資質を考えることだ。

先ほど、日本の教授定型になってきた知識注入型のスタイルが変革を迫られていること、そして変革の方向としては、アクティブ・ラーニング（AL）

の導入に見られる通り、生徒が主体的に取り組む参加・獲得型授業の方向にシフトしてきたことを確認した。

では、AL時代の教師に求められる資質はどんなものなのだろうか。それは、「学び方指導のプロ」としての資質であり、従来の「チョーク&トーク」の授業に対応した資質とはかなり違うものである。

これまでの教師像は、周到な準備をして授業に臨み、本番の授業では生徒の様子をよく観察し、彼らに向かって熱をもって語るというイメージが一般的だった。ここで発揮される教材研究の力、生徒の状況を観察する力、内容をかみくだいて説明する力などからなる「教授者」としての資質は、これからももちろん必要なものである。

ただ、参加・獲得型授業に取り組む場合、さらに違う資質も求められる。例えば、それは次のようなものである。第1に、自主的に学ぶことの喜びと楽しさを自らが経験し、それを生徒にも伝えられる「学習者」としての資質。第2に、ディスカッション／ディベートはもちろん、身体表現をも含むさまざまな表現技法を身につけ、生徒を指導できる「表現者」としての資質。第3に、生徒の自主的・主体的な学びを有形無形に励ます「援助者（ファシリテーター）」としての資質である。

「学習者」、「表現者」、「援助者」さらに先ほど述べた「教授者」という4つの資質を備えた教師は、「学びの演出家」に例えられる。それは、学習者たちが潜在的に持っている可能性を洞察し、共同の学びの成果としてそれを顕在化する役割を果たす者のことである。

もちろん4つの資質を備えた「学び方指導のプロ（学びの演出家）」とは言っても、それは一朝一夕になれるものではない。相当な時間と経験を重ねて、じょじょに近づいていく目標だと考えた方がよいだろう。

B 「見る身体」と「見られる身体」の往復

参加・獲得型授業の方向にシフトしていくことは、「教師―生徒」の関係が変わることを意味する。そのため、これからの教師には、学びの場における身体性についてもより自覚的になることが求められる。それは以下のような事情だ。

これまで教壇に立つ教師は、よく舞台の上の俳優にたとえられてきた。

とても分かりやすい比喩なのだが、教師は観客を前にして一人舞台を演じる役者のようなものだ、という訳である。ここでは教師が「俳優（見られる身体）」、生徒が「観客（見る身体）」という固定した役割分担が想定されている。

　しかし、プレゼンテーションやディスカッション／ディベートなどを取り入れる参加・獲得型授業を始めると、この「見る―見られる」関係が流動的になる。「教師―生徒」関係だけでなく、「生徒―生徒」関係で授業が展開していくため、学習者が「見られる側」になることもしばしば起こるからである。こうして参加・獲得型授業では、教師と生徒がともに「見る身体」と「見られる身体」を往復することになる。

　「学び方指導のプロ（学びの演出家）」を目指す教師に、身体表現をも含むさまざまな表現技法を身につけ、生徒を指導できる「表現者」としての資質が必要になる、というのはそういうことである。そのため、教師の側が、発声、話し方、身体の動かし方に表れる自分自身のクセや特徴をつかんだうえで、生徒の指導にあたることが必要になってくるし、学びの場における身体性についてもより自覚的になることが求められるのである。

C　教師としてのライフコースをイメージする

　本章の初めに、教育の方法・技術を学ぶことは冒険の旅に出ることであり、その旅は、自分がなりたいと思う教師像を見つける旅だ、と述べた。

　この旅は、生涯にわたって続く旅である。学習指導にあたる教師は、自分自身が「学習者」として学び続け、成長し続ける存在だからである。

　学び始めたばかりのみなさんが、教師としての全キャリアを見通すことはおそらくまだ難しい。ただ、自分がなりたいと思う5年後、10年後の教師像をイメージすることならできないことはない。その目標に向かって、謙虚にかつ着実に歩を進めていただけたらと思っている。

注）
1) 溝上慎一『アクティブラーニングと教授学習パラダイムの転換』東信堂，2014．
2) 山地弘起「アクティブ・ラーニングとはなにか」『大学教育と情報』2014年度　No.1，私立大学情報教育協会，2014．

第 2 章 学習指導を支える基礎的要件

本章のポイント

　学習指導は単に「授業をすること」と捉えられがちだが、それは学習指導の一場面を切り取った見方に過ぎない。そもそも、授業は既存の知識や技能を理解・修得させることだけなのだろうか。授業を構築するには、何のために（教育の目的）、何を（内容）、どのように（方法）獲得させていくかを連動させなければならないし、時代の要請や授業に関わる人々の想いに応えつつ、各学校の教育資源をどのように生かすかという視点も必要である。さらに、時代の要請の大きな「うねり」に埋没するのではなく、これを原理的に捉えて授業に生かす教師の力量も求められる。
　本章では、学校で実施される学習指導がさまざまな条件によって規定されていることについて概説する。

1 教育課程とカリキュラム

A 教育課程と学習指導要領

　教育課程とは、教育目的に沿って何を、いつ、どのように教授するかを計画づけたものである。これは、カリキュラム（curriculum）の訳語である。その語源は、ラテン語で競馬場のコース、人生の競争などを意味したが、これが転じて学校の教育計画を意味するようになった。日本では、戦前、小学校では教科課程、中等学校等では学科課程という語が使用されてきた。戦後は、学校の教育活動に教科外活動が正式に位置づけられたのに伴い、1951（昭和26）年以降、正式に教育課程と呼ばれるようになった。

　教育課程は、『学習指導要領一般編（試案）』(1951年) で、「学校の指導のもとに、実際に児童・生徒がもつところの教育的な諸経験、または、諸活動の全体を意味している」[1]と定義されたように、各学校で設定する教育の全体計画である。しかし、各学校が制限なく設定できるものではない。国と教育委員会が教育課程行政において果たす権限や役割も法令で定められており、国や教育委員会が規定した枠組みや内容に即しつつ、各学校の実情に合わせて設定していくことになる。

　国レベルでは、教育基本法第1条（教育の目的）、第2条（教育の目標）をベースに、学校教育法において学校の教育目的（同法第29条など）と、その教育目的を達成するために設定する教育目標（同法30条など）が定められている。義務教育の目標としては、「基礎的な知識及び技能」、「思考力、判断力、表現力その他の能力」、「主体的に学習に取り組む態度」の育成がここで規定されるとともに、教育基本法第5条2項の「各個人の有する能力を伸ばしつつ社会において自立的に生きる基礎を培い、また、国家及び社会の形成者として必要とされる基本的な資質を養う」という規定に基づいて、学校教育法第21条で義務教育のより具体的な目標10項目が定められている。これらの規定にしたがって文部科学大臣が定める（同法33条など）教育課程の基準が、学習指導要領である（学校教育法施行規則第52条など）。

　さらに2020年実施の学習指導要領では、教育課程の編成に関して、①何ができるようになるか、②何を学ぶか、③どのように学ぶかの3つのポイ

ントそれぞれを連関させることを学校に求めている。①は教育目標に該当するし、①と②は従来の学習指導要領や教育課程が規定してきたものである。新しい視点は、第1に、③の教育課程の実施場面として「主体的・対話的で深い学び」を前面に出し、学びの質を重視した改善をはかろうとしている点、第2に、これら①から③をPDCAサイクルとして継続的に見直すことをより明確に要求している点、第3に、①の何ができるようになるかを、単に学校の教育目標としてだけではなく、教育（学習）評価とあわせて位置づけている点である。これら3つのポイントの中で最も重要な位置を占めているのは①である。なぜなら、教育課程の編成も実施も、すべては①の目標の達成とその評価に集約されるからである。「教育の質保証」が叫ばれて久しいが、学校の教育課程編成の自由度を認めながらも、学習指導要領が大綱的なカリキュラム・スタンダードであるべきだとされてきた流れから一歩踏み込んで、教えたことがどれだけ学習者に定着したかが問われるパフォーマンス・スタンダードへと変容しつつあるとみることもできる[2]。その是非については、別途、検証される必要があろう。

　最後に、教育委員会の権限については、地方教育行政の組織及び運営に関する法律の第21条で規定されており、その中に「学校の組織編制、教育課程、学習指導、生徒指導及び職業指導に関すること」が含まれている。しかし、あくまで教育課程の編成権は各学校にあり、教育委員会は法令・条例に違反しない限りにおいて各学校の教育課程編成に指導助言を行うことができるとされている。

B　学習指導要領と「学習権」をめぐる論議

　文部科学大臣が学習指導要領によって教育課程の全国的な基準を定めているのは、①学校の公的な性格、②教育の機会均等の確保、③教育目的・目標の実現、④教育水準の発展向上を図るためである[3]。日本で初めて示された1947（昭和22）年の学習指導要領は「試案」とされ、あくまで指導上の基準を示したものに過ぎないものであったが、「試案」の文字は1955（昭和30）年の改訂で消え、1958（昭和33）年の改訂では官報に告示されるようになり、法的拘束力を有するものへと変化した。こうした中で、①国は教育内容を決める権能を有するか、②教育課程の基準は中央が決めるべきか

地方が決めるべきか、③教育課程の基準は大綱的基準か細目的基準かという点で論争が続いてきた[4]。

　こうした論議に一定の決着をつけたのが、1976（昭和51）年のいわゆる北海道学力テスト事件最高裁判決である。判決では、国が国政の一部として必要かつ相当と認められる範囲内において教育内容を決定する権能を有するとして、文部（科学）大臣が学習指導要領を設定する妥当性を認めた一方、「教育における機会均等の確保と全国的な一定の水準の維持という目的のために必要かつ合理的と認められる大綱的なそれにとどめられるべき」であるとされた。また、国が学習指導要領を告示する合理的基準として是認される要件に、「教師の創意工夫の尊重」、「教育に関する地方自治の原則」、「地域差、学校差を超えて全国的に共通なものとして享受されることが必要な最小限度の基準」、「教師による創造的かつ弾力的な教育の余地」なども示されていることに注目する必要がある。すなわち、学習指導要領は最低限度の大綱的な基準を定めるものであり、教育課程はこれに基づいて各学校（校長および教員）が児童・生徒、保護者や地域の実情に向き合い、創意工夫をもって編成されるべきものとしているのである。

C　教育課程の編成と教師の力量

　教育課程の編成主体たる各学校は、風土、学校文化、児童・生徒、予算、規模などの条件を異にしており、これらを勘案しながら、学習指導要領や教育委員会の指導助言に準拠して編成作業を進める。具体的には、年間指導計画、月案・週案などのほか、教科間や教科外活動との関連をはかりながら教育課程と授業を構築する。したがって、教員は自らが担当する教科の狭い理解にとどまっていては、適切な教育課程を編成することはできない。教員は教育の専門家であるが、その性格は狭い分野の知識・技能に立脚するスペシャリストとしての専門性ではなく、むしろ児童・生徒の学習と発達に関する総合的な知見に基づいて有効な手段を講じる「ジェネラリストとしての専門性」を持つことが求められると言ってよい。

　教育課程の編成能力が、教員として必要な能力の1つであることは先に示した通りであるが、それは日本に限ったことではない。たとえば、1966（昭和41）年にユネスコの特別政府間会議で採択された「教員の地位に関す

る勧告」61項でも、「教員は、職責の遂行にあたって学問の自由を享受するものとする。教員は、生徒に最も適した教具及び教授法を判断する資格を特に有しているので、教材の選択及び使用、教科書の選択並びに教育方法の適用にあたって、承認された計画のわく内で、かつ、教育当局の援助を得て、主要な役割が与えられるものとする」(政府、仮訳) と規定されているように、専門職としての教員にとって、教育課程の編成は、国際的に見ても職業上の自由として位置づけられているのである。

日本における学習指導要領の変遷を見れば、1970年代以降、学習指導要領で規定される内容が「精選」され、2003 (平成15) 年の学習指導要領一部改正からは学習指導要領に規定されていない事項でも児童・生徒の能力、適性、興味・関心に対応する発展的・応用的内容を指導できるようになるなど、従前に比べて学習指導要領の規定内容の「大綱化」と「最低基準」性が明確になってきた。また、1998 (平成10) 年改訂の学習指導要領から提唱されている「特色ある学校づくり」に向けて、各学校が学校の教育目標をよりよく達成するために、組織的・継続的に教育課程を創り、動かし、変えていく工夫 (カリキュラム・マネジメント) も求められるようになっている。

学校は、児童・生徒だけではなく、保護者や地域のニーズも踏まえて教育活動を行っている。学校が設置主体や校種を問わず、また入学選抜を行っているいないにかかわらず、それぞれの学校に特長も克服すべき課題もあるし、そこから発するニーズもそれぞれに存在する。そうした学校の特長や課題、ニーズは、児童・生徒、保護者、地域としっかり向き合わなければ把握しきれないし、把握できていなければ適切な教育課程を編成することができない。したがって、個々の児童・生徒の理解を進めることは、教育課程編成のための第一歩ということになる。教員は、常に自らの力量に疑問の目を向けながら、児童・生徒理解の精度が高まっているかどうかを問い続けることが必要である。また、前述したように、教育課程の編成は単に立案にとどまるのではなく、それを実施し、評価し、改善するというPDCAサイクルが組み込まれていることも忘れてはならない。

2 学習指導と学校の教育資源

A 教育資源とは何か

　教育資源とは、授業などを実施する場面において活用し得る資源のことである。たとえば、教科書や黒板といった教材・教具も教育資源であるし、学校図書館やICT機器なども同様である。また、教育資源は学外にも存在し、さまざまな専門家やボランティアなどの人材、社会科見学や職業体験を受け入れる企業や商店、遺跡や資料館などの施設も貴重な教育資源である。そうした教育資源を分類すると、たとえば表2-1のように①人的資源、②物的資源、③財政的資源、④潜在的資源に分けることができる。

　しかし、こうした教育資源は、各学校に均等に配分されているわけでは

表2-1　主な教育資源

(1) 人的資源
①教職員：教諭のほか栄養教諭・養護教諭・少人数指導や習熟度別指導の加配教員、専門的な人材（司書教諭、ICT専門職員）など
②資格等を有する専門スタッフ：スクールカウンセラー、スクールソーシャルワーカー、特別支援教育専門家（医師、看護師、合理的配慮協力員、理学療法士、言語療法士）など
③教育サポーター：地域人材・保護者・企業等の社員など（補充学習、教材開発・授業準備、理科観察実験補助員、小学校の英語指導、部活動指導支援、職業体験への協力、ゲスト講師など）
(2) 物的資源
①コンピュータ・ICT機器：PCやタブレット端末など、校内LANの構築、電子黒板・書画カメラ・プロジェクターなど
②学校図書館
③教育課程マネジメントの組織：学校内の実践記録や資料の保存・整理・活用、学校外と情報を共有し相互利用可能にするネットワークの構築など
④学校内外の施設・環境：オープンスクール、校内自然環境（ビオトープなど）、校外自然環境、郷土の文化遺産、社会教育施設、スポーツ施設、遺跡や資料館、企業など
⑤地域の活動：社会教育関係団体、PTA、町内会、郷土芸能、伝統産業、地域行事など
(3) 財政的資源
①予算の確保と効率的で効果的な活用など
(4) 潜在的資源
①校風：学校の伝統・文化
②教員研修と教育課程運営に必要な時間を確保するマネジメントなど

ない。筆者が赴任したある学校では、司書教諭が配置されておらず、図書費に割かれる予算もごくわずかでしかなかった。図書室を訪問してみると、最新の百科事典が40年以上前に出版されたものしかないなど、必要な資料がほとんどそろっていなかったため、調べ学習の授業計画は断念せざるを得なかった。別の学校では、授業計画を司書教諭に伝えると、生徒が調べ学習の最中に頻繁に参照する諸資料は使いやすいように特定の場所に集めるが、生徒に資料を探し当てる経験を積ませるために、教員側が準備する参照資料はあえて限定し、代わりに資料の検索方法についての基本的なレクチャーをすることを提案してくれた。その学校では、多くの教員が図書室を活用して調べ学習を行っており、専属の司書教諭がさまざまな教科でどのような資料を必要としているかについて的確な情報を得て選書していたため、必要な図書や資料が十分にそろっていた。この学校では、そうした教育資源の存在が、さらに図書室を活用しようという教員のニーズを生んでいたのである。

一方、物的資源のうち、特に学校内外の施設・環境については、学校の立地条件に依拠するため、学校や教育委員会の努力では補えないものも多い。まずは、各学校でどのような教育資源が活用できる状況にあるかを把握しておかなければ教育課程を編成することも授業計画を策定することもできない。同時に、学校が保持している教育資源の新たな開発・充実を図ることも重要である。

さらに、日本の教育に対する公財政支出の対GDP比が、諸外国に比べてきわめて低い水準にあり、OECD加盟国の最下位クラスにとどまっていることも指摘しておきたい。教育資源を豊かにする教育予算は、学習指導を支える重要な要件である。教育予算の乏しさが、日本の教育条件の厳しさに直接的に影響している。

B 学校における教育資源活用の課題

前節で整理したように、学校によって活用できる教育資源は異なり、それに応じて採用できる教育方法も教育内容も一定の制限を受けることになる。見方を変えれば、教育資源を豊かにしていくことは学校の教育活動の幅を広げることにつながる。それには、大きく次の2つの課題を克服して

いく必要がある。

[1] 教育資源の活用上の問題

　既存の教育資源に応じて教育課程をマネジメントするだけでは授業の工夫が限定されたままになってしまう。条件の整備には国および教育委員会の協力・援助が不可欠であることは言うまでもないが、教育資源をいかに充実するか、新たに開拓するかという視点は、学校も個々の教員も持ち続けておかなければならない。

　たとえば、学校支援ボランティアの活用については、中央教育審議会答申「今後の地方教育行政の在り方について」（1998年9月）において、「校長の判断により機動的に学校の教育活動に地域住民の協力を求めることができるよう、教育委員会が学校支援ボランティアを登録・活用する仕組みを導入するなどの工夫を講じること」が求められたように、学校は教育委員会を経由してボランティアの派遣を受けることができるようになってきた。しかし、個々の授業で必要に応じてゲスト講師を呼ぼうとするような場合には、教員の個人的な人脈を活用することが多い。食育、キャリア教育などのさまざまな分野でCSR（Corporate Social Responsibility）を実施している企業が講師を派遣しているし、地域の中にもゲスト講師としての能力を持っている方がいる。教育委員会は、各学校・教員が活用しやすいように、これらノウハウを持った多様な人材や施設のデータベースを作成しておくことが必要である。また、そうしたデータベースを充実させるには、学校・教員があらゆる機会を通して地域とのつながりを作っておくことも大切である。

　コンピュータ・ICT機器、学校図書館などの整備については、予算がつかなければ学校・教員では対応できないが、機器が導入されてもこれらを十分に活用できていない学校も多い。近年、急速に普及しつつあるタブレット端末を活用した授業についても、一斉に多くの児童・生徒がLANを利用することを想定すれば、ネットワーク構築には莫大な予算が必要となるし、無線LANを設置しても電波が防火扉によってさえぎられてしまうといった問題事例も多く報告されている。電子黒板がすべての教室に導入されている学校もあれば、パソコン・ビデオ投影用のモニターすら各教室に導入されていない学校も多い。「2020年代に向けた教育の情報化に関す

る懇談会」の配布資料によれば、近い将来、すべての学校が①電子黒板（大型提示装置）、②授業展開に応じて必要なときに1人1台の可動式パソコンを3クラスに1クラス分程度、③無線LANが整備されることを目指すとしている。これが確実に整備されれば、これまでとは異なった授業の方法を多くの教室でとることができるようになる。同時に、これらを活用するのに必要な知識や技術を修得する教員研修が充実されなければ、よりよい授業の構築にはつながらない。両者は、常にセットで充実されなければならない。

[2]「チーム学校」という教育資源

　日本の教員は伝統的に、生徒の全人的発達のすべてに関わろうとする教師像が追求されてきた。それに比べて、西洋諸国の多くは教員を「授業者」と限定する教師像が優勢であった。そのため、西洋諸国では学校とさまざまな専門家との連携が早くから進み、協働して児童・生徒の成長を支えようとする学校文化が作られてきた。一方、日本の教員は、さまざまな教育要求を学校・教員が抱え込んだため、教員の過重な勤務が常態化していることは、よく指摘されている通りである。こうした状況は、OECD国際教員指導環境調査（TALIS）で他国との比較がなされたことで、より明確に

表2-2　学校の教育資源の課題（TALIS調査）

	資格を持つ教員や有能な教員の不足	特別な支援を要する生徒への指導能力を持つ教員の不足	職業教育を行う教員の不足	教材が不足している、あるいは適切でない	教育用コンピュータが不足している、あるいは適切でない
日本	79.7	76.0	37.3	17.2	28.3
参加国平均	38.4	48.0	19.3	26.3	38.1

	インターネット接続環境が不十分である	教育用コンピュータソフトウェアが不足している、あるいは適切でない	図書館の教材が不足している、あるいは適切でない	支援職員の不足
日本	29.8	40.1	40.2	72.4
参加国平均	29.9	37.5	29.3	46.9

出典）国立教育政策研究所編『教員環境の国際比較』明石書店，2017, pp. 69-70 より作成．

なってきた。教育資源との関係で言えば、表2-2に示した通りである。「資格を持つ有能な教員の不足」に日本が高い割合を示した背景については、「教員の業務量の多さ・勤務時間の長さによる多忙感の未解消や、生徒の抱える課題の多様化による専門的なスキルの必要性が高まっている」[5]と指摘されている。その他、特別支援教育やキャリア教育など新たな課題に対応できる教員の能力開発やそれを支援できる職員・人材の確保が急務であることも看取できる。

こうした状況を解消するために、近年、日本では「チーム学校」というコンセプトが提唱されている。それは、「校長のリーダーシップの下、カリキュラム、日々の教育活動、学校の資源が一体的にマネジメントされ、教職員や学校内の多様な人材が、それぞれの専門性を生かして能力を発揮し、子供たちに必要な資質・能力を確実に身につけさせることができる学校」[6]へと転換を図ろうとするものである。

そこで、文部科学省は、上記のことに加え、同じくTALIS調査によって指摘された、①教員以外の専門スタッフが少ないこと（日本82％、アメリカ56％、イギリス51％）、②教員の1週間当たりの勤務時間が最長であること（日本53.9時間、参加国平均38.3時間）などへの対応策として、①教職員の定数改善：ICT専門職員や司書教諭・養護教諭・栄養教諭の充実、外国人児童・生徒への日本語指導などへの対応として教員の定数改善、②資格等を有する専門スタッフの拡充：スクールカウンセラー、スクールソーシャルワーカー、特別支援教育専門家（看護師、合理的配慮協力員、その他外部専門家）との連携強化、③教育サポーターの拡充：補充学習、発展的な学習への対応、授業補助、小学校におる外国語活動への対応、中学校における部活動指導員などを採用するための予算措置を行っている。

しかし、従来から教員が抱えていた職務の一部を他の専門家に移行したとしても、実際には連携・調整のための時間を確保することが必要であり、そのままでは教員の職務が大きく軽減されるわけではない。教員の「働き方改革」が叫ばれている中、チーム学校という人的教育資源の開発を実効的なものにするには、国や教育委員会の取り組みと合わせて、学校のマネジメント力が一層、問われることになる。

3 教員養成と教師トレーニング

　学習指導は、学校教育における根幹の活動であり、教員の職務の中心となるものである。したがって、学習指導を支える基礎的要件として教員の資質・能力の開発は欠くことができない課題である。教員の資質・能力を開発する場面には、大きく分けて①教員養成の段階と、②学校現場（特に教員研修）の場面の２つがある。

A　教員養成段階における「実践的指導力」の育成

　教員養成に「実践的指導力」が明確に要請されるようになるのは、1987（昭和62）年の教員養成審議会答申からである。究極的には、採用されてすぐに、「一人前」の教員として問題なく勤務できる能力を大学の養成教育で保証することを求めたものであるといえる。これ以降、各大学は学校現場の課題に対応する科目を追加したり講義内容に反映したりしてきたし、学校インターンシップや学校支援ボランティアなど、正課・正課外を問わず、教育実践に接近できるような機会を提供するようになってきた。

　しかし、「実践的指導力」育成の要求は、一層強まっている。現在も、教員の資質・力量の向上をめぐって、さまざまな改革が進んでいるが、その背景には、教育の実践知の継承と教員研修の問題が存在している。前者については、ベテラン教員の大量退職時代の到来とそれに比してミドルリーダー層が薄いこと、すなわち教員の年齢構成のいびつさを前提とした問題である。後者は、児童・生徒数の減少による学校の小規模化などの影響や、さまざまな教育要求に対応するために職務が増加し、教員の自主研修に割く時間が減少しているという問題である。いずれも、学校現場で新人の教員を見守り、援助して成長を支えていく条件を失いつつある状況がそこにある。

　一般企業でも採用されてすぐに「一人前」として現場に出すことは少なく、数か月程度の研修を経て現場で育てられながら独り立ちしていく。専門職でも、医師であれば原則として２年の臨床研修を、法曹三者（弁護士・検察官・裁判官）も１年間の司法修習が義務づけられている。このように見てくると、たとえ教員免許が専門職としての資格であっても、それは「一

人前」としての力量を証明したものではなく、その仕事に従事するために必要な最低限度の知識や技能を修得した証明に過ぎないということができる。採用されたばかりの教員はと言えば、教室内において児童・生徒を相手に孤軍奮闘しているように思われがちだが、1年間の初任者研修が義務づけられているほか、教員集団の中にあってさまざまな形での援助・助言を受けながら教育活動を行うのである。それが困難な状況に対しては、本来であれば教員の定数改善などの措置が図られるべきである。

　もちろん、大学の教員養成教育において理論と教育実践との接近や往還を企図することは大切なことであるし、一層、そうした機会を創出していく必要があるのは言うまでもない。しかし、本来の意味の「実践的指導力」を育成できるのは学校現場であり、その学校現場の教育力の回復なくしてこの問題は解決しない。

B　校内研修の改革

　このように日本の教員の成長要因が阻害されている現状がある一方、日本の教員の資質・能力は国際的に高く評価されてきた。そうした教員の資質・能力の開発にとりわけ有効であると指摘されてきたのは、当該学校の児童・生徒の学習に焦点化された課題に教員の協同的な取り組みで対応するケース・スタディとしての校内研修・授業研究であった[7]。校内研修・授業研究は、日本から世界に発信された貴重な教員文化の伝統なのである。

　教員は、日々の教育実践の中でさまざまな知識や技術を獲得していく。それらは、多くの場合、暗黙のうちに獲得されていくもので、普段は意識されずに個々の教員の経験の内にとどまってしまう。また、その知識や技術の習得は教員の個の性質や能力に負うところが大きく、また経験が暗黙知のままでは誰かに教えられるものにはならないため、そのままでは教員集団全体の底上げにはつながらない。校内研修・授業研究は、個々の教員の実践を対等な立場で交流する中で、参加したそれぞれの教員の知識や技術の見直し、更新を図ることができる貴重な機会となる。

　こうした日本の授業研究は、戦前から草の根的に行われてきた。明治初期に導入された注入型の教授法に対する批判として生起した児童中心主義の教育は、大正新教育運動や生活綴方運動などへとつながっていく。これ

らの運動は、主に教育雑誌を通して全国に広まっていったが、そうした最新の教育情報を全国の教員が自主的・自発的に獲得していったのである。戦後も、さまざまな民間教育研究団体が作られ、また研修が正式に法で規定されるようになり、校内研修や授業研究も活発に行われてきた。

　もちろん、校内研修や授業研究についての批判も存在する。たとえば、授業研究がルーチンワークになっているという批判や、校内研修や授業研究が授業の披露にとどまっていて教員の専門的職能開発につながらないケースが多いといった批判である。いかに教員が能動的に研修に向き合える時間を確保できるかという面と、学校内の教員による専門的な学習共同体作りの面に関して、学校長の適切なリーダーシップの発揮が鍵となる。そのリーダーシップは上意下達によるものではなく、むしろ校内研究の企画・運営のリーダーとなる研究主任を始めとしたミドルリーダーを育て、彼らの能力を発揮できる場面をいかに創り出すことができるか、その活動を援助できるかがポイントとなる。

4　学習指導と評価

A　授業と評価

　教育（学習）評価は、学校における教育活動に関し、教育目標がどの程度実現できたか、どのような成果が得られたのか、児童・生徒の理解や行動にどのような変化が生じたのかといった学習状況の診断を行うことであるが、同時に教員の指導の効果や適切さなどを省察するためにも活用される。評価は、客観性、公平性、妥当性が確保されなければならず、どのような方法で評価を実施するかが大きな問題となる。

　現在、日本では、各教科については学習状況を分析的に捉える観点別学習状況の評価（観点別評価）と総括的に捉える評定（五段階。小学校は三段階、低学年では実施せず）の両方を合わせて、「目標に準拠した評価」と称して実施することになっている。評価の観点については、前述したように、学校教育法第30条2項が定める学校教育において重視すべき3要素（「知識・技能」、

「師綱領・判断力・表現力」、「主体的に取り組む態度」）を踏まえて再構成された、「知識・理解」、「技能」、「思考・判断・表現」、「関心・意欲・態度」の4観点が設定されている。教科によって異なるが、基本的にはこの評価の4観点をもとに児童・生徒の評価が行われる。

また、評価はペーパーテストにとどまることなく、レポート作成、発表、グループでの話し合い、作品の制作など多様な活動に取り組ませるパフォーマンス評価を取り入れることや、児童・生徒がポートフォリオを通じて自己評価することなども評価の方法の1つとして奨励されている。

そもそも、授業は設定した教育の目標と内容に沿って実施されるが、所与の目的が達成されたかどうかの評価を伴わなければ完結しない。文部科学省が、「各学校における学習評価は、学習指導の改善や学校における教育課程全体の改善に向けた取り組みと効果的に結び付け、学習指導に係るPDCAサイクルの中で適切に実施されることが重要である」[8]と述べているように、「指導と評価の一体化」が強く求められていることに留意したい。これは、本章1節でも指摘したとおりである。

B 評価の3側面と評価の種類

ブルーム（Bloom, B. S.）は、教授・学習過程における評価の機能を、診断的評価、形成的評価、総括的評価の3種類に分類した。これが評価の3側面と言われるものである。

診断的評価は、指導に先立って児童・生徒の学習状況（レディネス）や指導課題などを把握して授業を計画づけるために行うものである。形成的評価は、指導や教育課程編成の過程において指導効果を把握し、計画通りに進行できているかどうかを評価するために行うものである。当然、その評価結果は、指導や教育課程編成の改善に逐次、生かされていくことになる。また、総括的評価は指導の一区切りの場面で児童・生徒の学習成果を計測して目標が達成されたかどうかを判定するとともに、教員が自己の指導の点検を行うために実施するものである。通常、教育（学習）評価というと、総括的評価を指すことが多いが、教育指導の改善には形成的評価の効果の方が大きいと言われている。

このように、評価は授業前から授業後まで不断に行われ、かつ次の授業

へと断続的につながっていくものであるが、常にテストをしなければならないということではない。教員がスモールステップで達成すべき明確な目標を意識しながら、注意深く児童・生徒の状況を確認し続けることが必要なのである。

また、評価の種類としては、大きく分けて相対評価、絶対評価、個人内評価の3つがある。相対評価は児童・生徒の学習成果を集団の中での（相対的）位置を示すものであり、絶対評価は教育の目標に対する達成を評価するものである。相対評価は、主に段階評価、偏差値、順位づけなどで表す。たとえば五段階評価では、成績分布が標準正規分布になるよう、5と1を7%、4と2を24%、3を38%割り当て、数値化した評価結果（素点など）を当てはめることで評定が完成する。絶対評価は、五段階評価などで他者との比較の視点を入れることはできるが、個人が目標に到達したかしなかったかの2段階で示すこともできる。また、評価指標を多元的に行う観点別評価も行うことができる。日本では、2001（平成13）年から評価のあり方が相対評価から絶対評価（「目標に準拠した評価」）に変更された。

個人内評価は、相対評価のように他者と比較したり集団の中に位置づけたりするのではなく、本人の内部の変化や特徴を捉えて評価する方法である。相対評価や絶対評価は、特定の時点の状態を評価するに過ぎないが、個人内評価は努力や前進の状況を積極的に示そうとするものであるので、時間経過を含んだ観点で評価することが可能となる。

なお、相対評価と絶対評価はもっぱら教員が評価の実施者となるが、個人内評価は教員だけではなく児童・生徒も評価に参加させることが可能である。その場合、児童・生徒が自身の達成と課題とを捉えて評価する自己評価と、児童・生徒が他者を評価する相互評価という2つの方法がある。後者であれば、2人以上のグループでお互いの学習について意見交換をして共通理解を形成し、それをもとに評価するといった活動を学習過程の中に含んで実施することも考えられる。その場合、その活動は教育（学習）評価の一場面であり、同時に教育活動の一環と捉えることもできる。

C 評価方法

ペーパーテストには、客観テストと非客観テストとがある。客観テスト

は、〇×式や一問一答式、組み合わせなど正解・不正解が明確で採点が客観的に行われるよう工夫された出題形式のテストである。個々の知識の習得を確認しやすいが、児童・生徒が学習した内容の理解を把握することは難しい。反対に、非客観テストは論文式のテストなどで採点者の主観が入りやすい一方、深い知識や理解を診断するには適している。

このほか、観察、ポートフォリオ、ルーブリックなどによっても評価を実施することができる。

観察は、指導・生徒の表情、行動、関心、教員の発問などへの回答や学習活動への参加・協力などが評価対象となるが、漫然と見ているだけでは評価にはならない。評価の観点を明確にしたうえで観察することはもちろん、口頭での回答や児童・生徒の行動だけではなく、コメントシートなどの提出物と組み合わせて、パフォーマンス評価につなげることが大切である。

ポートフォリオは、書類を挟むファイルの意味で、作文・レポート・テスト・作品、写真などを時系列に保存することである。しかし、主たる目的は記録ではなく評価なので、本来は教員が児童・生徒とともにファイルするものを選択する作業が重要であると考えられている。ファイリングをする際に、児童・生徒が活動を通して達成できたことや、なぜファイリングすべきものとして高く評価されたかを明確に児童・生徒に伝える。そうした評価活動を通して、児童・生徒は評価された内容の意味を理解できるとともに、達成感や自己効力感を高めることができると考えられている。タブレット端末を活用した授業では、さまざまな活動の記録が電子データとして残るので、ポートフォリオを作成するには適していると言える。

ルーブリックは、学習達成状況を評価するための評価基準表で、たとえば表2-3のようなものを作成し、そこで設定した基準にしたがって評価するものである。この基準は、一般に、児童・生徒にも示されるため（「見える評価」）、評価の妥当性や公平性を比較的、確保しやすい。また、児童・生徒にとっては、評価を通して何を改善すればよいのかを把握しやすいという利点もある。

ただし、効果的なポートフォリオ評価ができるか、妥当性のあるルーブリックが作成できるかどうかは、教員の力量に負うところが大きく、また基準の策定や評価に多大な労力と時間がかかる。これらの評価を導入する

表2-3 ルーブリック評価の例

	レベル1	レベル2	レベル3	レベル4	レベル5
社会的課題に関する知識・理解	地域や社会の成り立ちについての基礎的な知識を得る	地域の復興に向けた課題や、目の前の課題についての基礎的な知識を得る	環境・エネルギー問題など持続可能な社会実現に向けた課題や、世界の状況・課題について基礎的な知識を得る	社会の課題について、習得した知識を深堀し、周辺情報や関連情報集め理解する	社会の課題について、目の前の課題と関係する知識を俯瞰してつなげ、人に説明できるレベルまで理解する
思考・創造力	与えられた情報を整理できる	目の前にある課題やその解決のための内容を論理的に掘り下げて考えることができる	メディアを活用して情報を集め、情報を分析・評価・活用しながら課題を発見したり設定できる	現実と理想の差を踏まえながら、広い視野・大きなスケールで既知の事実について批判的に考えることができる	未知のことについても粘り強く考え、自分の考えや常識にとらわれずに創造的に考え、新たなアイデアを生み出せる
他者との協働力	集団や他者との中で、決められたことや指示されたことに一人で取り組むことができる	集団や他者との中で、自分の役割を見つけ、個性を活かしながら行動で き、身近なメンバーの支援もできる	集団や他者との中で互いに良い部に共感し、新たなものを取り入れながら、共通の目標に向かって活動を進めることができる	集団や他者との中で、互いに良い部分を引き出しながら、win-winの関係を作ることができる。ICTを活用して協働を促進することができる	文化や国境を越えて、社会を変革する行動にうつし、互いに高め合う同士としての関係をつくれる

出典）中央教育審議会教育課程部会総則・評価特別部会（第4回）配布「資料6-2 学習評価に関する資料」2016年1月18日, p.32 より抄録・改編.

際には、学校内、教科内、学年内での意思統一を図る機会と相互のチェック体制の構築、継続的な見直しと教員研修が欠かせない。

D 指導要録

指導要録は、児童・生徒の学習及び健康の状況（「学籍に関する記録」と「指導に関する記録」）などを記録した書類で、学期ごとに出される通知表や受験の際に提出する内申書の原簿となる。保存期間は5年間だが、学籍に関する記録の保存期間は20年間である（学校教育法施行規則第28条2項）。

指導要録は、学習指導要領の改訂とともに改訂される。文部科学省は学校の設置者（教育委員会など）に参考様式を通知し、学校の設置者が指導要録の様式を決定する。実際に評価規準を作成し、教育（学習）評価を行うのは各学校であり、その評価に基づいて指導要録を記載するのも各学校である。

指導に関する記録としては、①行動の記録：生活習慣や自主性などの所見（小中のみ）、②教科・科目の学習記録：観点別評価（小中のみ）、取得単位数（高校のみ）、評定（小3以上及び中高）、③総合的な学習の時間・特別活動、

特別の教科道徳（小中のみ）、外国語活動の記録（小5・6のみ）、④総合所見及び指導上参考となる諸事項、などが記載される。

注）

1) 文部省『学習指導要領一般編（試案）』1951, p. 76.
2) 鈴木大裕「結果責任の支配――カリキュラム・スタンダードからパフォーマンス・スタンダードへ」,『世界』岩波書店, 2017.
3) 鈴木勲『逐条学校教育法（第7次改訂版）』学陽書房, 2009, pp. 260-262.
4) 菱村幸彦『教育行政』ぎょうせい, 1997, pp. 79-80.
5) 国立教育政策研究所『教員環境の国際比較――OECD 国際教員指導環境調査結果（TALIS）2013年調査結果報告書』明石書店, 2014, p. 68.
6) 中央教育審議会初等中等教育分科会（第102回）「配布資料 2-2 チームとしての学校の在り方と今後の改善方策について（答申〔素案〕）」2015.11.16.
7) スティグラー, J. W. & ヒーバート, J. 著／湊三郎訳『日本の算数・数学教育に学べ――米国が注目する jugyou kenkyuu』教育出版, 2002.
8) 中央教育審議会初等中等教育分科会教育課程部会「児童生徒の学習評価の在り方について（報告）」2010.3.24.

知識を確認しよう

［問題］

(1) 教育課程編成における教員の役割について論じなさい。
(2) 学習指導と評価の関係性について論じなさい。

［解答への手がかり］

(1) まず、教育課程と学習指導要領の関係性について、学校と国それぞれの責任が法的にどのように示されているかを整理しよう。その理解を前提に、各学校・教員が教育課程の編成を担う意義に着目して解答しよう。
(2) 「指導と評価の一体化」という語の意味をよく吟味しよう。ただし、その語が出てくる箇所のみではなく、本章全体を通して、最新の動向を踏まえつつ、よりよい学習指導の構築と評価のあり方を考えて解答しよう。

第3章 学校教育と教育方法の変遷

本章のポイント

　現代の学校教育は近代に成立する。人類は古代より文明を創造し、それを記号や文字などで伝え発展してきた。伝達は模倣、教える、学ぶ、無意図的伝達などの相互作用の繰り返しであり、方法の開発と蓄積でもある。その中から学校が創案され、国家や万人が希求する公教育となり、人の生き方に深く関わり現在に至る。その一方で課題もある。

　そこで本章では、学びや教育の本質に立ち返るために、近代学校の系譜と日本への関わりを概観する。その観点は、人間形成、教育観、学校観、子ども観、教授法、直観教授、一斉教授、学習・生徒指導、問題解決学習、総合学習、系統学習、発見学習など多数である。

1 近代学校の成り立ちとその特徴

A 近代社会・近代国家と教育

　現代の学校は近代社会の近代国家を基盤としている。それまでの欧米の教育は、私的に家庭や教会、篤志家が行った民衆教育と上流階級の中等学校教育などがあるが、それぞれの接続や相互関係は少なく、国家の教育への関わりもあまりなかった。しかし、18世紀頃に市民革命や産業革命が起こると近代国家が形成され、世界での発展を目指した。その際、各国家では国民の教育が必要となり、教育に積極的に関わり始める。そうした理念は、コンドルセ（Condorcet, M. C.）がフランス議会に提出した、「公教育の一般的組織に関する報告及び法案」（1792）に見られる。

　コンドルセの理念はフランス革命の自由平等社会の中での人間の知性と道徳性の完成で、その実現のために教育による国民啓蒙や市民性育成、平等な社会の形成を求めるものであった。また、国家による教育の組織化、世俗性の確保、男女共学、学校無月謝制、単線型五段階学校体系（小・中・アンスティテュ、リセ、国立学術院）等も示された。この理念は、国家が国民教育を担い公教育を整備することを示唆し、国家が教育に関わっていく。

　19世紀に産業革命が盛んになると、労働者に読み書き計算(3R's)に加えて、基礎的な近代の知識や技術を求め、国家が子どもにもそれを伝授する必要性が生じる。しかし、当時子どもは工場生産様式で安価な賃金労働者となり、学びや教会、知識や道徳に触れる機会から遠ざかっていた。また、増加する労働者による子どもの放任も生じ、私的な慈善団体や日曜学校が読書算を教えたが、無知と不道徳がまん延し、国家は対応を模索していた。その折に、民間のランカスター（Lancaster, J.）とベル（Bell, A.）が大量の子どもに効率よく伝授する方法を創案する。それは、まず教師1人が年長者（助教 monitor）に教え、助教が10名余に教える助教法（図3-1）である。国家もこれを大

図3-1　助教法（Monitorial System）
（Ellwood P. Cubberley（1919）: Public education in the United States. p. 92. Houghton Mifflin.）

量伝授と効率優先の必要性から受け入れ、欧米に拡大する。そして、それは徐々に変化し現代の学校の教室空間や一斉教授、学校となっていく。これらを参考にして、近代国家は国家発展の必要性から教育に積極的に関わり、国家が国民教育や公教育、学校を整えていくことになる。

B 近代公教育制度の成立

19世紀に近代国家は国際競争の中で体制の維持拡大のために、知識や技能の国民への伝授に加えて、社会秩序の安定、道徳や公民教育、産業振興など多くのことを担う必要が生じる。そこで、国家は教育を国民全体のものとする近代公教育制度を整備していく。その特徴は就学義務、無償、宗派的中立性の世俗性である。各国家は20世紀初めまでに公教育を整備していくが、その形成過程は学校設立や教育行政などの制度化である。

イギリスでは1833年に公費の学校補助を開始、1870年の初等教育法で学区と初等学校設置し、1880年に就学義務、1891年には無償学校法、1899年に中央教育局を設置して、私立と公立の二重体系だが公教育を制度化する。ドイツ・プロイセンは、1817年の文部省設置で宗教教権と教育権を分離、「プロイセン学校制度に関する法案」(1819)(未採択)の公立学校理念(人間陶冶、公的監督、公費維持、開放)から小学校を設立。1825年に義務出席を強化し、1833年に授業料廃止、1872年には教会と学校を分離、国の学校監督任務化で公教育を制度化する。アメリカは1791年修正憲法で教育の州自主性規定、1900年前後に教育委員会設置、世俗性義務制が整う。

こうして、近代国家は教育に関わり、近代学校や公教育を整備するが、それらが現代の教育や学校の基盤となっている。そうした中で、従来の個人的、経験的な教育論から、学問としての教育学の理論的構築が目指される。また、実際の子どもへの実践的な教育から教育内容や方法が検討され、近代的な教授法や教材も開発されていく。

C 近代教授の確立

学校や公教育が西欧の近代社会で整備される過程で、日本の教育にも影響するさまざまな教育の思想や実践が現れる。

近代社会の形成は、多くの貧窮な孤児民衆を生じさせたが、その救済を

目指したのがペスタロッチ（Pestalozzi, J. H.）である。ペスタロッチは子ども の生活を尊重し、人を人にする方法を探求し、それを教育すなわち人間教 育とした。『隠者の夕暮れ』等で人間の本質は神創造の人間性で精神（頭）・ 心情（胸）・技術力（手）で構成され、自然の順序に従う合自然性原理の調和 的発達を人間教育とした。その方法は直観教授で、認識や知識の原理を直 観、構成要素を数・形・語として、子どもを内部から発達させ（自発性原理）、 根本から・連続的に進み・総合する3段階（方法原理）とした。まず事物を 他と区別し知覚、その輪郭形状把握で形概念を学び、言葉概念で明瞭に再 現表出するというものであった。その実践は、イギリスの幼児教育指導法、 アメリカ公教育学校低学年の教授法やオスウィーゴ運動、日本の高嶺秀夫 や庶物指教に影響し、その後の時代にも影響している。

　19世紀になると公教育は学校を知識や技術の詰め込みの場として、教師 による一斉教授が普及する。その一斉教授で子どもに教えることを段階化 したのがヘルバルト（Herbart, J. F.）である。ヘルバルトはペスタロッチの 教育や実践を学び、教育論教授法を教育学に体系化し近代教育学を創設す る。教育学の目的を倫理学、方法を心理学として、認識を明瞭・連合・系 統・方法の4段階（学習の心理的過程）とした。そして、教育の目的を道徳的 に立派な人格育成（品性陶冶・徳性涵養）、手段を教育（管理、教授、訓練の3作 用）、教授を指示・結合・教授・哲学の4段階として、学校の学級の教師に 求めた。その理論はヘルバルトの後継者のヘルバルト派により整理実用化 され、ツィラー（Ziller, T.）の中心統合法、ライン（Rein, W.）の五段階教授法 （予備・提示・比較・総括・応用）として世界に広まる。日本では明治期に谷本 富らによって普及する。また、幼児期に注目したのがフレーベル（Frobel, F. W. A.）である。フレーベルは幼稚園教育の創始者で、『人間の教育』で人格 形成の幼児期に注目し、内発的自己活動の生活・労作・遊戯を重視して、 遊具の「恩物」を考案した。その実践の場として想像力を社会性へ結びつ ける幼稚園（Kindergarten・子どもの庭）も創設し、日本の明治期にも影響し、 東京女子師範学校にフレーベル式幼稚園が設立（1876）されている。

　19世紀後半頃からは、国家と教育について学問や科学的観点からも論じ られる。スペンサー（Spencer, H.）は進化論から心理や道徳について解明を 目指した。人間の活動を類型順位化した科学的教育学を提唱し、教育を知

育・道徳・身体論に 3 区分して明治に影響した。ナトルプ（Natorp, P.）は人は共同社会で人になるとし意志陶冶の『社会的教育学』を説いた。ケルシェンシュタイナー（KerschenSteiner, G. M.）は国家発展に必要な国民形成を公民教育とし、職業陶冶での勤勉忍耐などの徳の形成を目指す労作教育や作業学校論は大正新教育や北沢種一に影響した。こうして、近代社会を背景に多くの教授論や実践が現れた。19 世紀末になると、再び子どもの興味や関心など個性を尊重する新教育運動が広まる。

D 世界新教育運動

19 世紀末の欧米では、帝国主義や植民地経営に必要な人間を既存のラテン文法学校などの中等学校では育成できなくなった。また、学校での画一的一斉教授批判や産業革命の機械化から人間性への危惧も生じた。そして、新しい教育や方法が求められ、いかに学びを成立させるかが注目されたことにより、一斉教授に代わって主体的活動や協同的活動、個性や自己表現を尊重する新教育思想が広まる。これは日本にも影響する。

新しい教育思想は世界で見られ、エレン・ケイ（Key, E.）はスウェーデンで子どもと婦人生活問題から教育目的を個性の伸長や知的・道徳的・創作的衝動の発達とし、教師は消極的役割で学級教授・教科書・試験等の廃止も説いた。20 世紀を『児童の世紀』として日本の新教育に影響する。モンテッソーリ（Montessori, M.）はイタリアで実験心理学や障害児教育から児童中心主義を説き、知的道徳的発達に安全衛生環境と発達促進の感覚刺激が必要とするモンテッソーリ法を構案し保育や幼稚園、日本に影響する。パーカー（Parker, F. W.）はアメリカで進歩主義教育を創始し、個性尊重から人間性を重視して詰め込みを批判した。知識統合の中心を地理とし、読方、綴方、自然科学、歴史、図画、工作の学習授業カリキュラムを説いた。

デューイ（Dewey, J.）は進歩主義教育運動を主導し、人間の観念思考の全精神活動を実生活の行動や問題解決の手段とする道具・実験主義を確立した。暗記や試験の受動的教育を批判し、学校は自発性発揮による組織や小社会とし、子どもと教師の相互作用で協同的デモクラシー社会の構築を目指した。カリキュラムを経験による知識技能とし、工作・料理・裁縫等の作業・経験学習、オキュペーション、プロジェクト活動を重視して、シカ

ゴ大学に実験学校を設置し、教育の開発を行った。そして、『学校と社会』等を著し、日本の大正期以降に大きく影響する。また、キルパトリック（Kilpatrick, W. H.）は、デューイの活動論をプロジェクト・メソッドに定式化し、進歩主義教育を普及させた。経験主義の単元学習方法や、目的設定、計画立案、展開実行、判断評価の4段階教授過程（構案教授法）を示した。性格形成も考察し、日本の新教育運動、戦後の問題解決学習、生活教育論、ホーム・プロジェクト、自由研究、家庭科、総合的な学習に影響する。

パーカスト（Parkhurst, H.）は、注入主義と個人学習速度を無視した学年制を批判し、進歩主義のドルトン・プランを創案した。個人の自由と他者協働を重視して、子どもが学習計画を立て個別学習を進め、教師はそれを支援する方法である。ウォッシュバーン（Washburne, C.）はウィネトカ・プランを構案した。画一的一斉教授への対処から個別学習と集団学習を組み合わせ、個人差で個別化を実現する教授組織の方法は、日本の大正期に影響を与えた。

E 第1次・第2次世界大戦以降

第1次世界大戦後は階級や身分による複線型学校体系を単一化する統一学校運動が生じ、国民に共通の初等学校が作られる。また、ドイツや日本では全体主義が台頭し、国家に奉仕する人間育成の国民教育体制となる。

教育内容は実用的な科目となり、学年制も普及し現代の学校形態となる。教育方法ではソーンダイク（Thorndike, E.）の学習法則や客観テストの導入や、作業単元を基礎に社会生活がコアとなる総合学習カリキュラムのヴァージニア・プラン、学校と地域の結び付きを目指すコミュニティ・スクール運動が生じ、戦後日本の社会科や学習指導要領等に影響する。1940年代は効率性より職業教育と生活管理の生活適応教育が注目される。

第2次世界大戦後、欧米は教育による民主的社会の実現を目指す。1946年に国際平和と教育を結ぶユネスコ（国際連合教育科学文化機関）が設置され、共生や教育の平等、機会均等が重視された。実際の教育では、進歩主義は1950年代に衰退し、読書算や歴史と規律や訓練を重視するエッセンシャリズム（本質主義）が起こる。また科学技術の影響もあり、スキナー（Skinner, B. F.）はプログラム学習やティーチング・マシンを提唱し、外国語練習設備

（語学ラボラトリー）など視聴覚教育や教育工学に影響する。ドイツでは、1950年代初に本質的な教育内容や理解力を重視する範例主義が見られ、学習の転移につながる。ブルーナー（Bruner, J. S.）は『教育の過程』で進歩主義に代わる発見学習（子どもは科学者同様に探究でき、発達に応じて学習題材を反復、発見、探求し理解する方法）を構案した。知識より学問方法や探求過程を重視する考えは、スプートニク・ショック（1957）もあり、各国の教育の現代化を進めた。その一方で、拡大する学校や近代教育への批判も生じ、フーコー（Foucault, M.）の『監獄の誕生』（1975）、アリエス（Aries, P.）の心性史研究、イリッチ（Illich, I.）の『脱学校の社会』（1971）、ラングラン（Langrand, P.）の生涯学習論などがある。また、「児童の権利条約」（1989）や、マイノリティ、ジェンダー、障がい者などへの教育的配慮もなされている。現在も近代からの公教育や学校教育のあり方について多様な観点から考えられている（第5・9・10章参照）。

2 日本における学校制度の成立とその特徴

A 前近代の教育

日本の近代学校制度の始点は1872（明治5）年学制の教育制度全般の構想による。それ以前にも教育機関や学校と呼ぶものはある。平安期の律令制官僚養成の大学寮、専門技術者養成の典薬寮（医薬）、陰陽寮（天文占術）、雅楽寮（演奏）、空海の綜芸種智院、鎌倉室町期の金沢文庫や足利学校がそれらに当たり、江戸期には幕府昌平黌や藩の藩校・郷学・私塾で儒学、国学、四書五経の素読講釈で一斉教授や試験、等級制も見られる。幕末は西欧の天文・物理・植物学等の実学や自然科学も広まり、長崎海軍伝習所ではオランダ人講師が語学、医療、実習等を一斉教授する近代学校形態もあった。庶民は、寺子屋で読書算を往来物等を使い個別教授で学んだ。これらの教育や学習は、明治期の西洋型学校教育の受容の基盤となっていく。

B　近代学校制度　学制

　日本の近代学校は、1871（明治4）年に教育行政を担う文部省が設置され、1872（明治5）年に近代教育法令の「学制」の発布による。学制は実利立身出世主義の国民皆学と実学主義の全国学校制度を目指したもので、大中小の学区制による小学校、中学校、大学の学校体系である。当初は学校への未理解や授業料もあり就学率は低く、学校の設立も部分的となった。

　しかし、江戸期の寺子屋は小学校、個別教授は一斉教授となって近代学校制度が始まる。その学校教員の養成のために全国に師範学校が設立され、招へい講師のスコット（Scott, M. M.）によって一斉教授、ペスタロッチ主義が全国に普及した。文部省は教育内容を示した小学教則を作成し、スコットの教則（下等小学科目：読物、算術、習字、書取、作文、問答、復読、体操）が普及して現代的編成となる。教科書は翻訳書で、教材にオブジェクト・レッスン（庶物指教）の掛図もあり、教授法は暗記反復練習の注入主義であった。明治初期はアメリカの教授書などの直訳書や諸外国の翻案、中期はヘルバルト、後期は社会的教育学が注目された。

C　ペスタロッチ主義教授法

　学制から近代学校が始まるが、教授理論も外国から受容する。1878（明治11）年に高嶺秀夫がアメリカのオスウィーゴから帰国し、ペスタロッチ主義教育を説き、師範学校の教育内容や方法の改革を行う。伊沢修二は明治初期にこれを開発教授法とし、注入主義ではなく子どもの発達に応じて能力を高める教育方法として説いている。しかし実際は、実物を示して子どもに関心や正しい観念獲得を目指す実物提示の原理や方法はあまり浸透しなかった。多くは教師が問答書から発問し子どもが答える形式的問答となり、一定の内容を教え込む注入主義の教授方法の1つとなった。そのため、高嶺の理論を普及すべく、若林虎三郎らは『改正教授術』（1883）で教授目的を内在能力や心性の開発とし、実物標本の直観教授や授業案を具体的に示すことで、一定の計画による授業方法が広まった。

　この頃にはイギリス教育書も増え、尺振八訳『斯氏教育論』（1880）は、スペンサーの心智、品行、体躯の三教育を紹介した。伊沢修二はこれらを『教育学』で知、徳、体育とし、西周も「三育之説」とした。これら知育・徳

育・体育の教育3領域は、教育界に定着して近代的概念を示唆し、後の食育にも影響する。その後はドイツやフランスの理論的研究が注目され、ペスタロッチ主義に代わるヘルバルト主義教育に影響する。学校は、1881 (明治14) 年の小学校教則綱領で授業日数年間32週以上、授業時間1日原則5時間、3年間の就学義務などが示されて現代化した。また、1879 (明治12) 年には西欧教育や知育偏重を批判し儒教主義徳育作興を求める教学聖旨が示され、国民教育の根本である教学方針をめぐり徳育論争が起こった。

D 近代教育制度の確立

明治中期、政府は近代化政策を進め、1885 (明治18) 年に内閣制度を創設する。初代文部大臣の森有礼は、国家主義的学校制度を目指す学制改革を行い、学校体系の全般規定である学制や教育令に代わる、学校種別の制度となる諸学校令 (1886) を公布し、日本の近代学校制度の基盤ができた。森は兵式体操、運動会、修学旅行、祝日儀式等も学校に導入した。さらに大日本帝国憲法 (1889) で勅令主義の近代国家体制が整うと、国民教育の根本を示すべきとの気運が高まり、教学聖旨以来の教学方針をめぐる徳育論争が活発となる。そして「教育ニ関スル勅語 (教育勅語)」(1890) が発布され、戦前の徳育の基本、教育の根本理念となった。こうして日本の近代教育制度が確立した。

E ヘルバルト主義教育学

明治20年代になると国家主義や道徳主義的思想が教育でも強調され、アメリカやイギリスに代わり、国家の国民道徳の涵養や国民教育を示すドイツの教育が注目されるようになる。そして教育方法は、明治初期のペスタロッチ主義や開発主義教授法から組織的理論のヘルバルト主義教育が主流となっていく。ヘルバルト主義教育の受容は、1887 (明治20) 年にドイツから招へいされたハウスクネヒト (Hauskneche, E.) が文部省顧問、学校巡視、大学講義でヘルバルト教育学を説いたのに始まる。その内容はヘルバルト派のもので、これを学んだ谷本富や湯本元一が普及させた。特に谷本は『実用教育学及び教授法』(1894) や『科学的教育学講義』(1894) でヘルバルト派の教育説や実践方法を紹介し、ヘルバルト主義教育学が全国に広まる。

ヘルバルトの教育学は教育目的を倫理学、教育方法を心理学から導き、それを基盤に体系的な教育学の構築を目指すものであったが、その倫理学による教育目的で道徳教育を重視した点が当時注目される。ヘルバルトの教育目的の5つの理念が儒教の五倫五常に近いとされ、ヘルバルト教育学の徳育重視や道徳的品性陶冶が、教育勅語の具現化や国家主義教育に援用され受容されていく。教授法では教授段階説が取り入れられ、ヘルバルト派のツィラーの5段階教授法（予備、提示、比較、総括、応用）が教える順序として普及し、教授方法の定式化が進んだ。また、主要教科を中心に諸教科を関連づけて教科課程を編成する中心統合法は、修身科を筆頭教科として諸教科と関連づけるものと捉えられた。なお中心統合法は、戦後アメリカ経由のヘルバルト主義の再受容の際に、統合主義やコア・カリキュラムとしても再注目される。また、明治30年代の修身教科書の人物主義の編さんでは、ヘルバルト派の昔話や童話を教材とする方法が影響した。
　しかし、次第に社会的教育学が台頭すると、ヘルバルト主義は衰退し、5段階教授法は画一的であり形式を無理に整えさせるとして批判も生じ、3段階（予備、提示、整理）に簡略化して実践されて定着する。教育活動（管理、教授、訓練）の訓練は、後に生徒指導に関連していく。こうして、ヘルバルト派の教育は国家主義の教育に適するとされ受容されたが、その際に日本は西欧近代教育学に近づき、教育の体系的基礎を構築したのである。

F　国民教育

　明治中後期には日清・日露戦争や産業革命があり、近代学校制度がより整備される。1891（明治24）年の「学級編成等ニ関スル規則」は学級を1教師1教室1団児童に定義し、1900（明治33）年に小学校は義務制で無償化となる。また、従来の読書、作文、習字は国語に統一され、学年制学級編成が一般化された。1903（明治36）年には教科書は国定化、翌年に就学率上昇から義務教育は6年とされ、学制の国民皆学の普通教育は概ね実現した。
　思想や実践では、支配層による欧米化への批判や反動、国家主義や日本主義への傾倒から新個人・ロマン・社会主義が広まった。デューイ、ベルゲマンの社会教育学は国家主義に影響し、谷本富、吉田熊次、樋口勘次郎らがヘルバルト教育学と対峙するようになり国家主義教育が広まる。樋口

は中心統合法から統合教授論を研究し、画一的注入教育や受動的開発教授、ヘルバルト五段階教授の管理を批判して、教授上の統合と自発的活動を重視した『統合主義新教授法』を説いた。なお、当時支配的な国家帝国主義の研究に、棚橋源太郎の実科教授論や牧口常三郎の郷土科教育論がある（第7章参照）。及川平治の『分団式各科動的教育法』、生活単元学習、学級を生活と学習の場とする論も注目され、戦後のコア・カリキュラムに影響する。

3 大正以降の学校と教育方法

A 大正自由教育・大正新教育

　大正期には第1次世界大戦や震災もあり、民主主義や自由主義思想が普及し大正デモクラシーが生じる。教育でも欧米の新教育思想に影響され、日本の教育に個性尊重、経験主義、自学主義などの大正自由教育が起きる。この新教育は欧米のプロジェクト・メソッド、ドクロリー・メソッド、労作・公民教育、モンテッソーリ法、ドルトン・プランや児童中心主義などの影響を受けたもので、その代表的な八大教育主張には、樋口長市（自学教育論）、稲毛金七（創造教育論）、河野清丸（自動教育論）、及川平治（動的教育論）、手塚岸衛（自由教育論）、小原国芳（全人教育論）、千葉命吉（一切衝動皆満足論）、片上伸（文芸教育論）がある。こうした考え方は、改革実践の場としての私立学校や師範学校附属小学校に広まる。澤柳政太郎は欧米傾倒を批判し、事象や児童基盤の実践を重視して、ドルトン・プランを導入した成城学園を創立した。羽仁もと子は自由学園、赤井米吉は明星学園、野口援太郎は児童の村小学校を設立し注目された。木下竹次は教授は教師の教え込みで教育の一部、学習は学習者が学ぶ教育のすべてとし、小学校に生活即学習の合科学習や自学「学習時間」を特設して学習方法一元論を説いた。なお当時、グループ学習やコの字型机配置も見られた。

　また、この時期に芸術家の教育運動が教育界に広まり芸術教育運動も起こった。その背景には新学校の理論的基礎のデューイ、シュプランガー（Spranger, E.）の文化教育学の体験、鑑賞、生活、郷土等の観点の影響がある。

代表的なものに、鈴木三重吉の『赤い鳥』の児童文学や童謡運動、片上伸の『文芸教育論』、山本鼎の『自由画教育』、新しい綴方の自由作文や詩、児童劇、自由な美的表現、文芸的国語教科書、学校郷土室設置（後に地歴科）等がある。その後、大正自由教育は川井訓導事件や生活綴方が窮乏生活実感で治安維持法の対象となるなどして衰退するが、戦後の新教育やコア・カリキュラム、1947・1951（昭和22・26）年学習指導要領、「総合的な学習の時間」、無着成恭「山びこ学校」等に影響する。なお、大正新教育の中でも学校教育は国民思想や国民道徳などの国家教育の強化や中等高等教育の拡充を目指して、大学令（1918）、盲学校および聾唖学校令（1923）、幼稚園令（1926）が公布され、学校体系傍系が整う。1920（大正9）年頃には生徒指導や職業指導の言葉も見られる。その後、大正期末から昭和前期には戦時体制や極端な国家主義等から、学校や教育内容などの教学刷新が唱えられる。

B 昭和期（戦前）

昭和初期に世界は恐慌などで一層混沌化する。日本は軍国主義や全体主義国家理念となり国体や日本精神から再統制化され、教育は総力戦教育となる。農業恐慌も起こり農村中堅人養成の農民道場では心身鍛錬を重視し、戦時下の学校モデルともなった。教育審議会では教学刷新が示され、欧米教育ではなく日本古来の精神で科学する心と体位向上が重視された。

1941（昭和16）年には、明治初期からの小学校の名称を「国民学校」とし、教育内容や方法は皇国民育成、皇国奉仕の錬成教育となり、教科書も戦時版の非常時教材となる。大正期の新教育運動の多くは国家主義的な傾斜のもとで活動を続けたが、木下竹次の合科学習や総合教育の運動などは継続し、総合授業、国民・理数・芸能・体錬科など合科教授的カリキュラムを編成した。また、新たな運動として労作中心の生活教育、作業教育、ドイツの影響を受けた郷土教育や、大正期とは異なる現実生活を題材として表現する生活綴方運動なども起こった。しかし、教育は軍国主義的な性格を帯び、1943（昭和18）年には中学校で修練（献身奉公の実践の課外課程）が必修化され、翌年には集団疎開、学徒勤労令が公布された。さらに、次年には空襲激化で国民学校初等科以外の授業は停止、学徒教職員の学徒隊の組織、国定制教科書の廃止等で学校教育は停止状態となった。

4 第2次大戦以降の日本の学校と教育方法

A 昭和期（戦後初期）戦後新教育

　戦後は教育を基盤に民主主義体制を目指し、日本国憲法の教育を受ける権利と就学義務や学問の自由、教育基本法、学校教育法、教育委員会法、教職員免許法、教科書検定制等で学校制度を構築していく。学校体系は複線型から単線型学校体系とし、小中高大の六三三四制に幼稚園も含む初等中等教育統一編成に転換した。また、連合国占領策の修身や地理の授業停止など、国家主義教育から国民の権利を重視する学校制度改革が行われ、新しい学校と教育内容や方法による戦後の教育改革、新教育が始まる。

　戦後の新教育について、占領司令部は従来の文部省の指示や統制政策を批判していた。そこで文部省は、教育の目標や内容、方法の手引きとして「学習指導要領（試案）」(1947) を作成した。この要領をもとに各府県が教育課程の基準を編成し、各学校では自主的に教育課程を作成して教科書も選択するよう試みられた。教科書は国定制度から民間編集の検定制度なり、子どもの自律活動や生活経験を重視する自由学習や自立学習、討議法（ディスカッション・メソッド）などの教育方法によって「教科書を教える」から「教科書で学ぶ」となり、教材も広い範囲に及ぶと考えられた。

　学習指導要領は新教育を展開するために短期間で作成する必要もあり、アメリカの course of study を参考に民主的教育を目指し、戦前の画一的内容方法から学校や教師が研究し創意工夫する手引書となった。その特色はアメリカの進歩主義教育理論の受容、子どもの生活や興味に即した単元学習であり、自主性や生活経験を重視することから生活単元学習、またデューイ理論からは問題解決学習と言われた。実際の学校教育では、修身等の廃止で社会生活の良識と性格を養うために社会科、家庭科、クラブ活動、自発的活動の自由研究などが新設され、ローマ字学習の導入や小学校の文字学習開始が「かたかな」から「ひらがな」となった。新設の社会科はヴァージニア・プランを参考にコアとなり、各教科を総合的に捉えられた。

　こうして教育内容や方法の創意工夫が学校や教師に求められたことで、カリキュラム改造運動が起こる。その顕著なものにアメリカを経由したヘ

ルバルト主義の再受容とも言える経験カリキュラムやコア・カリキュラムがあり、作業単元と教科の関係を示す桜田プラン、地域実態から内容方法を策定する地域教育計画の川口プランや本郷プランなどがある。生活単元学習（問題解決学習）や同一登場人物を描く形の教科書作成等が民主的新教育とされた。

　1951（昭和26）年に学習指導要領は改訂されるが、その特色は、経験主義の推進と、教科課程を教育課程とし、小学教科を学習基礎教科（国語・算数）、社会自然の問題解決（社会・理科）、創造的表現活動（音楽・図画工作・家庭）、健康保持増進（体育）に整理した点にある。他に教科時間配当は最低最高の年間授業時数表示とし、自由研究廃止で小学に教科以外の活動、中高に特別教育活動を設け、児童会・クラブ活動・学級委員に教育価値を認め、時間配当で教育課程に位置づけた。また、道徳教育は社会科を中心に、学校教育活動全体を通じて進めるもの（いわゆる全面主義道徳教育）と明確化された。しかし、翌年に講和条約が発効される頃には、知力や歴史を軽視し経験を重視しすぎるなど戦後新教育への批判が強まり、「基礎学力」や「問題解決学習」、道徳教育や社会科について盛んに論じられた。

B　戦後教育からの転換　系統主義

　昭和30年代には学力低下や問題行動が増加し、戦後新教育の生活単元学習や地域主義、経験主義がその要因として批判された。そして1958（昭和33）年、学習指導要領は改訂され、教育内容精選と学力充実から系統学習に転換し、現代的な基盤となる。生活単元学習は、1つの単元にさまざまな領域の内容が入り問題解決は難しいとされるなどして、系統学習に転換されたのである。また、道徳の時間の特設、社会科の生活基盤の問題解決から徳目主義の強調、中学図画工作の美術への改称、学校教育法施行規則の授業時数の明示などがある。教育方法では、ラジオ・テレビ・映画の授業活用、学力定義や知識と態度の関係の学力モデル議論、プログラム学習、ティーチング・マシン、個別・自主的学習のランゲージ・ラボラトリーなどが見られるようになった。なお、学習指導要領のこの改訂から告示形式となり、国家的基準性や法的拘束力を持ち統制化される。その後、1962（昭和37）年には、「義務教育諸学校の教科用図書の無償に関する法律」

制定によって義務教育教科書が無償化され、公立学校の教科書採択は教師や学校単位ではなく、市や郡など採択地ごとに広域採択化された。

C 教育の量的拡大と教育内容の現代化

昭和40年代になると、系統学習への転換が知識注入的指導や学習意欲の減退につながるなどの批判が生じた。また、急速な産業発展や科学技術進歩への対応、欧米の教育の現代化から、日本も学問や科学技術の知識の整理や統合、精選や教育内容の現代化を目指す必要があるとされた。

1968(昭和43)年に学習指導要領は改訂され、小学算数で集合や関数、負数等を扱うこととなるが、過密詰込式となり、おちこぼれが生じ社会問題化する。高校では高度経済成長人材要請で学校・学科・コース別課程編成の能力主義へと変貌するが、格差も広がった。そうした中で、教師や民間で子どもの立場から教育の現代化や民主科学化を論じた教育課程自主編成運動が起こる。その中に、遠山啓らの「水道方式」、板倉聖宣らの「仮説実験授業」、生活指導論に影響する大西忠治の「学級集団づくり」、「ゆるやかな集団づくり」、学力の楽しい定着を目指し反復練習や百マス計算などを開発した岸本裕史の『見える学力・見えない学力』などがある（第4章参照）。

D 教育の質の改善──ゆとり教育

教育の現代化による知識増加はアメリカでも批判され、人間中心カリキュラムへ転換し、オープン・スクールやフリー・スクールなどが設置された。日本でも学習内容の量の増大と質の高度化が問題となり、子ども側からの教育課程の検討が進められ、1977(昭和52)年に学習指導要領は改訂される。その内容は、ゆとりあるしかも充実した学校生活の学習負担の適正化実現を目指したもので、知徳体が調和した人間性、集団的活動や勤労経験による公民的資質育成、各教科目標内容の中核的事項集約方法、教師の創意工夫や、戦後初の高校習熟度別学級編成も示された。

その後、社会の急速な情報化や国際化の中で、学校病理と言われた校内や家庭内暴力、いじめ、登校拒否、非行、家庭や社会の教育力低下などが生じ、学校教育では対応できないともされた。こうした状況の中、1980(昭和55)年頃には教育危機、1990(平成2)年頃には学級崩壊や授業が成り立た

ないことが顕著となり、従来の授業学習観の再検討、学びの転換、正統的周辺参加、反省的実践家、拡張理論、セルビーのアクティビティや学校地域参加型授業、ワークショップ等の新実践が示される（第1・5章参照）。

E 新しい学力観・生きる力・総合的な学習の時間

　昭和50年代後半の顕著な学校の病理現象や急激な時代変化への対応から、1989（平成元）年の学習指導要領改訂は、個性重視、生涯学習社会への移行、国際化、情報化を基点とし、多様化と弾力化の「新しい学力観」を示した。教育の拡大から自由化で、戦後初となる教科改編を行い、小学1・2年社会・理科を廃して生活科、高等学校社会科を地歴科と公民科に分割した。また、中学技術・家庭科に情報基礎を設けた。学習の内容や方法は大枠を示すのみで、教師などの工夫が期待された。そのため、学び方や学ぶ力を重視して自主自発的学習が推進された。その学力差拡大への対応には個性化や個別化学習指導や体験活動、合科的指導が重視され、新教育も再注目され、その後の「総合的な学習の時間」、学校週5日制につながっていく。小学校国語では作文が重視され、算数では学習内容の学習後の活用や、主体的な問題解決や具体物による操作や思考実験などの指導方法が求められた。また、従来からの観察や調査などの直接経験による問題解決を目指す教材や方法とともに、戦後初めて統計などの大量情報を活用する間接経験による学習法が導入され、情報処理の能力も重視されるようになる。

　1998（平成10）年の学習指導要領改訂では、より陰湿化するいじめや増加する登校拒否から、社会変化に主体的に対応する資質能力や自ら学び自ら考える力の「生きる力」育成が示され、それには「ゆとり」が必要とされた。これを受けて、学習内容は厳選して3割削減し、「生きる力」を養うために子どもが計画して調べ、体験し表現する学習である「総合的な学習の時間」を小中高等学校に創設し、さらに学校を完全週5日制とし、能力により個別選択決定される自由競争原理の教育課程や方法を推進し、高校に情報科も新設した。知識の教授から、子どもの個性を生かして自主的に活動させる教育への転換で、教師も教えることから子どもとともに学び問題解決を支援することとなった。その一方で、このような教育の内容に教科教育の充実や学力低下への危惧が生じ、ゆとり教育批判となる。そうした

中で、2001（平成13）年に文部省は文部科学省に再編され、教育政策や改革は政府主導の実施となる。2003（平成15）年の学習指導要領一部改訂は小中高の教科学習内容の確実な習得を図り、個別指導、グループ別指導、繰り返し指導、習熟程度に応じた指導，興味関心よる課題学習、補充的学習や発展的学習指導、教師間の協力的指導等を求めた。2005（平成17）年度には小学校教科書から発展的学習内容が記載され、日本提起のESD（持続可能な開発のための教育）や、ユネスコ・スクールも広まる（第10章参照）。翌年には教育基本法改正で教育振興策定は政府義務となり、「生きる力」の実現が目指される。

F　知識基盤社会──確かな学力

　2008（平成20）年の学習指導要領改訂では知識基盤社会の学校、家庭、地域社会での「生きる力」の共通理解、確かな学力（知識技能の習得、思考力・判断力・表現力、学習意欲）、豊かな心や健やかな体の育成が示された。教育内容や方法は、小学校5・6年に外国語活動を導入、環境・キャリア・食育・情報教育の充実から授業時数は増加した。また、学習論の言語活動を重視し、教科学習の知識技能の「習得」で形式知と暗黙知も重視した暗誦反復指導や体験活動、その応用適用の「活用」としては記録・説明・批評・論述・討論・観察・実験、課題学習などを示し、総合的な学習の探究等も示した。中央教育審議会答申ではアクティブ・ラーニング[1]も示している。

　第2期教育振興基本計画（2013）はICT（情報通信技術）の活用を示し、学習興味向上、分かりやすい授業、確かな学力育成、能力特性に応じた個別学習、協働学習、特別支援教育の自立活動等に有効だとした。その関連に、電子黒板やタブレット、インターネット受発信学習、LMS（学習管理システム：Learning Management System）、e-Learning、デジタル教科書等のフューチャースクール推進授業、学びのイノベーション事業等がある（第8章参照）。

G　学び方・考える方法を学ぶ──社会に開かれた教育課程

　2017（平成29）年の学習指導要領改訂では、社会に示す学校教育課程を意図し、カリキュラム・マネジメントの目標（何ができるようになるか）、教育内容（何を学ぶか）、主体的・対話的で深い学びの学習過程（どのように学ぶか）や、

見方・考え方、1人ひとりの発達を踏まえた指導、何が身についたかの学習評価等が示された。道徳は「特別の教科」、外国語の技能は聞く・読む・話す・書くとされ、翌年の高校改訂で「総合的な探求の時間」が設置された。また現在、PBL（課題解決型学習・問題発見解決型学習：Problem-Based Learning）、座席表指導案、チーム・ティーチング、カルテ、ポートフォリオ、ルーブリック、プログラミング教育などの教育方法が注目され開発されている。

注）
1) 中央教育審議会「新たな未来を築くための大学教育の質的転換に向けて～生涯学び続け、主体的に考える力を育成する大学へ～」（平成24年8月）では、「教員による一方向的な講義形式の教育とは異なり、学修者の能動的な学修への参加を取り入れた教授・学習法の総称。学修者が能動的に学修することによって、認知的、倫理的、社会的能力、教養、知識、経験を含めた汎用的能力の育成を図る。発見学習、問題解決学習、体験学習、調査学習等が含まれるが、教室内でのグループ・ディスカッション、ディベート、グループ・ワーク等も有効なアクティブ・ラーニングの方法である」としてる。

知識を確認しよう

問題
(1) 時代や社会の変化と教育方法の展開を考えてみよう。
(2) 初等・中等・高等教育、単線型・分岐型・複線型学校体系を考えよう。

解答への手がかり
(1) 私教育、公教育、学校教育、国家教育、人間観、子ども観等
(2) 段階性、系統性、年齢、目的、階級、差別、機会均等、公教育等

第4章 戦後日本の教育実践と実践研究

本章のポイント

　本章では、教師による教育実践と実践研究について説明する。

　戦後日本において、教師たちは、学校教育現場で専門職としての力量形成を行ってきた。本章では、その中でも、特に重要な機能を果たした民間教育研究運動と、授業研究に視点を当てて、教師の育ちの構造を分析したい。

　民間教育研究運動は、日本の教師にとって、教科教育や生活教育、生活指導や生徒指導の方法を学び得る回路であった。また、校内研修としての授業研究は、「現場で育つ」という教師の成長モデルには欠かせない回路である。この2点の回路は、戦後日本の公教育を質的に維持、向上させるものでもあった。

1 さまざまな教育団体の登場と教師の力量形成

A 戦後日本における教師の力量形成

　教育実践とは、教科教育のみならず、児童生徒の日常生活や学校行事まで射程に入れた広い概念である。学校教育における、①教育課程（=教科教育、「特別の教科」道徳、特別活動、総合的な学習の時間、学校行事、児童会・生徒会活動、クラブ活動）。②教育課程外（課外活動）の活動（=登下校時間、部活動）。③生活指導、生徒指導。このような学校教育における教育活動すべての実践を教育実践と呼ぶ。また、実践研究とは、これらの教育実践を質的に向上させるためになされる研究活動である。

　学術研究を除外すれば、実践研究は、教師を主体として実施されることが理想とされている。教師が、みずからの教育実践をふり返り、その問題点や可能性を発見し、より良質な実践を創造することが実践研究の最終的な目標に設定される。なお、教育実践のうち、教科教育（=授業）を中心とする教育活動は、授業実践と呼ぶ。また、それを研究対象とする活動を、授業実践研究、あるいは、授業研究という。

　戦後日本の教育実践と実践研究について考えるとき、どこに歴史叙述の焦点を当てるかで、歴史の見え方は変わってくる。たとえば、大学で使用する教職科目のテキストには、学習指導要領の変遷を中心に教育方法史や教科教育史の歴史叙述を行うものがある。しかし、学習指導要領の内容が変化したからといって、日本全国の教師による授業が、改訂された日の前後で、がらりと変質するわけではない。また、改訂された学習指導要領の意図する通りに、学校教育現場や児童生徒が変質することもありえない。1998（平成10）年に学習指導要領が改訂され、いわゆる「ゆとり教育」が実行されて以降、「公立校では学力が低下する」と、一部の学習塾や予備校が不安をあおったために、かえって通塾者が増え、学習指導要領が意図していない結果を招いたという過去もある[1]。学習指導要領の変遷は、あくまでも、教育界における1つの動向（制度史）を示すものである。

　それでは、戦後日本の教育実践と実践研究を総体的に把握するためには、どうすればよいのだろうか。ここでは、最初に、教育界の多様なファクタ

ーを理解することから始めたい。実態として、戦後日本の、教師たちが教育実践や実践研究の技法を学び得た場は、大学や大学院ではなく、学校教育現場であった。教師たちは学校教育現場に存在した以下のような回路を活用して教育実践と実践研究を学んだ。

第1に、マクロレベルでは、①教育委員会（都道府県市区町村）や教育センターの行政研修（官製研修）、②教職員組合（全国・都道府県市区町村）による自主研修、③文部省（文部科学省）とは距離のある民間教育研究団体による自主研修、④文部省（文部科学省）に親和的な民間教育研究団体による自主研修、⑤教職員組合とも教育行政とも距離のある団体や企業の研修、⑥教職員組合と教育行政のどちらか、あるいは一方に親和的な団体や企業の研修、⑦大学や研究機関による自主研修などが挙げられる。

第2に、ミクロレベルでは、⑧各学校の中で行われる研究会（実践研究、授業研究、校内研修）、⑨PTA活動や保護者会、⑩地域の学習会、⑪教職・教育関連のサークル活動、⑫職員室や教科準備室における日常的な教職員同士（同僚）との議論や会話、私的な交流などが挙げられる。

教師たちは、これらの回路を活用し、自己の力量形成を行った。戦後日本の教育実践と実践研究について検討するためには、このように多様なファクターの存在を理解しておく必要がある。学習指導要領が公教育という制度、すなわち、「入れ物」＝「外身」の歴史であるとするならば、多様なファクターによる回路は、その「中身」をいかに形成していくのかという、公教育の実態の歴史になる。本章では、公教育の実態を検討するために、教師が教育実践と実践研究を学び得た場として代表的な民間教育研究団体に焦点を当てて説明をしていきたい。

民間教育研究団体とは、公教育の外側で、実践研究の場として教師や研究者によって私費で創設され、今日まで運営されてきた団体である。よりよい教育実践と教育研究を行うため、日本には戦前からいくつかの民間教育研究団体が存在した。このような団体の活動を民間教育研究運動、あるいは、民間教育運動と呼ぶ。ただ、戦前においては、アジア・太平洋戦争下の公教育が極端な軍国主義に傾倒したために、それに反発した民間教育研究団体や、その参加者は、処分や弾圧の対象となり、終戦直前には、ほとんどの団体が活動を停止していた。

教育界が軍国主義という鎖から自由になったのは、終戦を迎えてからである。1945（昭和20）年の秋から戦後日本の教育実践と実践研究は、その歩みを開始した。8月15日、日本はアメリカを中心とする連合国軍に降伏し、GHQ（＝General Headquarters/連合国軍最高司令官総司令部）の支配下に置かれる。GHQ は、年末の10月から12月にかけて、学校教育に関する「四大指令」（「四大改革指令」）を発した。「四大指令」とは、①「日本教育制度ニ対スル管理政策」、②「教育及教育関係官ノ調査、除外、認可ニ関スル件」、③「国家神道、神社神道ニ対スル政府ノ保証、支援、保全、監督並ニ弘布ノ廃止ニ関スル件」、④「修身、日本歴史及ビ地理停止ニ関スル件」を示す。①は、民主主義の理念を教育内容に取り入れ、軍国主義に関係する教材を排除するものであった。②は、当時の約45万人の教師のうち、軍国主義による教育活動に関与した人々を教壇から排除するもので、結果として、約11万5800人が辞職。約5200人が教職を追放された（「教職追放」）。③は、戦前において、天皇の祖先（天照大神(アマテラスオオミカミ)）を中心とする神道（神社）が、国家神道として政治や学校教育と結びついていたので、これを解体するものであった。私立学校は例外として、学校教育と宗教のつながりが解消されることとなる。④は、「教育勅語」による修身教育、および、古事記や日本書紀（記紀神話）に基づいた歴史地理教育の授業を停止するものであった。このように、終戦から間もない期間で、軍国主義に関わる教育政策や教育内容が撤回されたのである。同様の措置は、占領下のドイツやイタリアなどでも実施されている。

　終戦の翌年、1946（昭和21）年3月になると、教育改革を実施するために、アメリカ教育使節団（第一次）が来日する。使節団は、以下のような提言を行った。①公教育体系を「6・3・3・4制」の単線型へ変更すること。②地域の人材を教育委員として選出する公選制の教育委員会を設置すること。③一般の出版社が教科書を発行できるように国定教科書を廃止すること。④公立学校において男女共学を実施すること。⑤ PTA を導入すること。⑥識字率を向上させるために、漢字、ひらがな、カタカナを廃止して、ローマ字を導入すること。このうち、⑥のように実現しなかったものもあるが、おおむね、公教育は使節団の提言に沿って改革された。戦前、とりわけ、アジア・太平洋戦争下の公教育は中央集権型であり、政府や文部省に教育内容の決定権が一元的に集中するシステムであった。これに対して、使節団が目指

したものは、システムの多様化であり、地方分権型の学校教育であった[2]。

1946（昭和21）年11月、「日本国憲法」が制定、公布された。次いで、1947（昭和22）年3月、公教育の理念を示す「(旧)教育基本法」と、具体的な公教育の制度を規定する「学校教育法」が制定される。さらに、小学校から高等学校までの教育内容をモデルとして提示する『学習指導要領一般編(試案)』も発表された。ここにおいて、修身、国史、地理が正式に廃止され、それに代わって社会科が教科として新設された。「試案」の文字に象徴されるように、当時の学習指導要領は、あくまでも1つのモデルであって、学習指導要領から授業内容が逸脱しても問題とはされなかった。これは、多様性を重視する使節団の路線にそった発想である。なお、当時の学習指導要領は、当時のアメリカの新教育の影響を受けており、デューイ（Dewey, J. 1856-1952）による「問題解決学習」（経験主義）を学習の核心としていたことも特徴と言える。

B 「問題解決学習」と民間教育研究団体の誕生

教育関係の法規や学習指導要領が整備されたものの、それまで中央集権型であった公教育に慣れていた教師たちには、戸惑いもあった。教育内容を自主的に創造していくという教育改革の方針は、学校教育関係者に希望とともに、「具体的に何をしたらよいのか」という疑問や不安をも与えることになった。そうした中で、先進的な教育実践を創出するために、教育学者や教師が集まり、1948（昭和23）年、コア・カリキュラム連盟（略称、「コア連」。1953年、日本生活教育連盟に改称）が発足する。「コア連」に参加した教師たちの中には、かつて、大正新教育（大正自由教育）を支えた者もいた。初期の「コア連」は、社会科関連の「問題解決学習」の実践や理論を研究、発表した。「コア連」は、児童生徒が生活現実を通して社会構造を学ぶことを理念としていたので、村内や町内の農工商業、公共サービスの環境など、身近な教材を徹底的に調査していく社会調査（＝「調べ学習」）が学習活動の中心となった。当時、注目された「コア連」の教育実践には、教育学者の梅根悟（うめねさとる）（1903-1980）が関与した「川口プラン」（埼玉県）、教育学者の海後勝雄（かいごかつお）（1905-1972）が関与した「北条プラン」（千葉県）などがある。

たとえば、「川口プラン」では、埼玉県川口市の全地域を対象として、公

共施設や交通機関、工場や農場、商店や娯楽施設など、義務制学校の児童生徒が協力して目に見えるものをすべて調査し、記録した。それらのデータを踏まえつつ、児童生徒は川口市の社会構造を考察し、これからの川口市をどのようにつくっていくべきかということを検討した。児童生徒の調査は徹底していて、市内にあるすべての電柱やポストの数も記録されたという。こうした調査をもとに、学校では、①警察官の仕事の内容、②田畑で生産されるもの、③駅や寺院の役割などが学習された。また、学習活動においては、地域住民も議論に参加している。

このように、「コア連」が、「問題解決学習」に傾倒していたのは、当時の日本が、GHQの占領下にあり、かつ、多くの国民の精神や肉体、財産が戦争によって傷つけられていたことが影響している。国家の独立も保障されず、日本全体が荒廃していたからこそ、教師たちは、児童生徒とともに、地域社会の「問題」を「解決」するための学習活動に力を入れたのである。これらの活動により、日本の未来を青少年の手で再建することが可能になるのだと彼らの多くは信じていた。

ただ、「問題解決学習」を重視する「コア連」は、教科教育を系統的（積み上げ方式）に学習していく従来の単元学習（＝系統主義）を「詰め込み」、「教え込み」として批判した。これに対して、教科教育に関心を寄せる数学者や歴史学者など、自然科学・社会科学分野の研究者は、「問題解決学習」の考え方を、児童生徒の興味関心に迎合しているにすぎないものだと反論した。また、自然科学・社会科学の知識を系統的に学習しなければ、児童生徒は、客観的に生活現実や社会構造を把握することができないとして、彼らは、「コア連」の「問題解決学習」を「はいまわる経験主義」とも揶揄した。

当時、「コア連」の教育実践を積極的に批判していた数学者の遠山 啓（1909-1979）は、美術教育における遠近法を事例として、「どれほど児童生徒に図画を描かせても、遠近法という知見を学習しないかぎり、児童生徒が図画の中に遠近法を応用することはできない」、「それでは、一段高いレベルでの視点や知識を獲得できない」との趣旨の批判を展開し、あらためて、自然科学や社会科学を学ぶ必要性を強調している。

このように、戦後初期の民間教育研究団体では、「問題解決学習」への傾倒と、それに対する批判が中心的な議論となっていた。「コア連」の動向を

懸念する研究者や教師は、あえて、教科教育に特化する団体を創設し、「問題解決学習」ではなく、各教科を系統的に学習していく方法を模索するようになる。1940年代の終わりから1955（昭和30）年までの期間に、歴史教育協議会（略称、「歴教協」）、全国英語教育研究団体連合会（略称、「全英連」）、数学教育協議会（略称、「数教協」）、日本作文の会（略称、「日作」）、教育科学研究会（略称、「教科研」）、科学教育協議会（略称、「科教協」）といった民間教育研究団体が次々に創設された。「コア連」もふくめて、この時期に創設されたこれらの団体は、現在も活動を続けている。

民間教育研究団体は、①教育実践を掲載する機関誌（＝会員向けの雑誌、市販される場合もある）、②定期的に開催される全国大会（＝教師が教育実践を発表し、研究者や教師がその内容を検討し、議論する）、③定期的に開催される地域の部会、サークル、これらの回路を中心として、教育実践を相互に検討するスタイルを採用した。これにより、各学校で誕生した優秀な教育実践がたえず全国レベルで紹介、共有され、その内容に対するフィードバックが実践を行った本人（＝教師）に返されるという流れが形成された。校内や地域の研究会で積み重ねられた教育実践が、全国とつながりを持つことが可能となったので、各学校における実践研究もさかんに行われるようになる。

また、授業実践が全国レベルで紹介されたので、著名な学校や教師の存在も教育界に紹介されることになった。1960年代から1990年代にかけて著名となった拠点校には伊那小学校（長野県）、巨摩中学校（山梨県）、島小学校（群馬県）、境小学校（群馬県）、明星学園小学校・中学校（東京都）、東六郷中学校（宮城県）、自由の森学園中学校・高等学校（埼玉県）などがある。これらの学校で、教育活動の改革や公開研究会の中心となった教師として、小学校教師の斎藤喜博（1911-1981：島小学校・境小学校）や、中学校教師の久保島信保（1925-：巨摩中学校）は有名である。彼らは、「名物教師」として、全国の教師たちのあこがれの存在となった。拠点校の公開研究会には、全国から私費で教師や研究者が参加し、「名物教師」に追いつこう、追い抜こうとする切磋琢磨がなされることになる。

コラム　学問と科学の未来

　学校において、教育活動の中心となるのは授業である。それは、児童生徒が学校の中で、もっとも多くの時間を授業によって消費していることからも明らかである。ところで、この授業に関して言うと、戦後の学校が戦前と異なる点は、児童生徒が授業を通して自由に学問や科学の真理を学ぶことができるというところにある。戦前の修身教育や歴史地理教育は、記紀神話を中心に授業が行われていた。地球や日本の成り立ちは、神の営為として教えられており、児童生徒は、学問や科学の真理から遠ざけられていたのである。しかし、終戦を迎えて状況は変化する。学校から記紀神話は追放され、授業は、数学や歴史学など学問と科学に基づいて構成されることになった。このことについて、当時、小学校教師の無着成恭は、「三角形の内角の和が二直角であるという真理は、友達でも村長さんでも天皇陛下が描いた三角形でもみな同じ」との趣旨を語り、学問や科学の真理の前には万人が平等なのだと強調している。

　これは、重要な指摘である。現代の先進諸国では、学問や科学の真理は、富裕層やエリートのみが独占するものではなく、一般市民にも共有されるものとなっている。だが、中世ヨーロッパにおいては、地球が太陽を中心に回っているという学問や科学の真理（地動説）は、宗教（宗派）の独占するものであった。また、世界各地において、日食や月食の予測は、権力者によってなされた。今日、児童生徒自身は、授業で学問や科学の真理を学んでいるという意識は低いかもしれない。だが、貧富の格差や出身地、職業などを越えて、国民全員が学問や科学の真理を共有できる社会は、実は、当たり前のものではないのである。

　ただ、アメリカでは、1920年代から現代まで、生物学者のダーウィン（Darwin, C.R. 1809-1882）による進化論を否定し、キリスト教の旧約聖書に見られる創世記を理科の教育内容に取り込むことを主張する動きがある。この主張は、反対派と何度も論争となり、そのたびに裁判にもなった。しかし、現在では、創世記に基づいて理科の授業を展開している学校も相当数あるし、過去には、ジョージ・W・ブッシュ（Bush, G.W. 1946-）大統領も、それを容認する発言をしている。今後も、先進諸国の学校において、学問や

科学の真理が児童生徒に教え続けられるという確証はない。

2 教育実践の事例

　しかし、1950年代に進むと、日本の公教育は、ふたたび中央集権型に回帰する動向を見せる。1951(昭和26)年のサンフランシスコ講和条約締結(講和独立)以降、GHQ の占領下から独立した日本と、同盟国のアメリカは、不安定な朝鮮半島(北朝鮮―南朝鮮)の情勢に対して、再軍備を視野に入れるようになった。とくに、北朝鮮を支援していたソビエト連邦と中華人民共和国では、共産主義思想が支持されていたので、日本においても、一部の政治家から、共産主義に対する警戒感が持たれた。こうした政治状況を背景に、教育政策においても、共産主義を忌避し、再軍備に好意的な姿勢を青少年に育成しようとする動きが見られた。1955(昭和30)年に改訂された、『三〇年度版 学習指導要領』では、「試案」の文字が、学習指導要領が拘束性を持つものとして位置づけられ、社会科の目標から平和教育に関する内容が削減された。また、公選制の教育委員会制度も廃止され、それまで自由に発行されていた教科書も、文部省が内容をチェックして認可を与える検定制度（＝教科用図書検定制度）に変更される。このように、講和独立以降、敗戦直後の教育改革に逆行する施策の傾向が見られるようになった。当時、一連の教育政策は、従来の理念の反対を行くものとして、いわゆる「逆コース」と総称された。この時期に、約60万人の組合員を有し、教職員が加盟する労働組合としては国内最大の規模であった日本教職員組合は、以上のような動向を警戒して、1955(昭和30年)に、教育内容の自主編成運動を提起する。自主編成運動とは、個々人の教師や学校教育現場が学習指導要領や検定教科書に拘束されることなく、独自に教育課程を創造することを奨励する運動であった。日本教職員組合は、この運動への関与を教師や民間教育研究団体に呼びかけた。

　結果として、いわゆる「逆コース」以降、民間教育研究団体による教育実践と実践研究は、より深まりを見せることとなる。1950年代後半から

1960年代前半にかけて発表された成果物としては、明星学園・国語部会による、『にっぽんご』（むぎ書房）、数学教育協議会による、『わかる算数』（むぎ書房）、教育科学研究会・社会科部会による『人間の歴史』（むさしのサークル）、歴史教育者協議会による、『小学校の日本歴史』（日本標準）、『あかるい社会』（岩崎書店）などが著名である。これらは、いずれも教師や研究者の手によって作成され、流通した。この動向は、教師や学校教育現場が学習指導要領に対抗するために、学習指導要領よりも優れた教科教育の体系を創出しようとした結果であった。

当時の民間教育研究運動について、社会科教育分野で著名な白井春男（1925-1990）を事例としてその内実について説明を進めたい。白井は、1969（昭和44）年に、小学校の社会科教育のテキストとして、サークル仲間の教師たちと『人間の歴史』を編纂した。白井は、従来の小学校の歴史教育が、①庶民の歴史からかけ離れた為政者（＝権力者）や人物（＝英雄）の歴史になっていること。②年号や用語など、歴史的事象の暗記になっていること。③検定教科書の記述という、文字を中心とする学習になっていること。以上のような課題をかかえていると指摘し、これを乗り越えるために、『人間の歴史』という、独自のテキストと教科体系を考案した（図4-1）。

『人間の歴史』の第一の特徴は、歴史は、無名の庶民たちによって創られていくという歴史観（＝社会史、民衆史）に支えられているところにある。白井は、一般的な検定教科書の歴史区分が、大和、飛鳥、奈良、平安……というように、政治機構の所在地によって決められていることに違和感を持っていた。これでは、実際には、政治家や政権交代の歴史を学習しているにすぎず、人々の暮らしのリアリティは見えにくい。

この傾向は、現在でも充分に改善されていないと言える。検定教科書の知識は、人物の氏名、国家や王朝交代の歴史、戦争や宗教の名称などが中心となる。一方、たとえば、庶民の歴史、出産や子育て、日々の生

発表された当初は謄写版（ガリ版）印刷であったが、1990年前後から、「授業を創る社」によって、全6冊が一般書籍として販売された。

図4-1 『人間の歴史』

活様式などについては、ほとんど取り上げられることはない。権力者や英雄の人数に比較して、庶民の人口は、圧倒的に膨大であるにもかかわらず、である。実のところ、権力者や英雄は、いかに偉大な人物であろうとも、ただ1人では国家や王朝を統治することもできないし、宮殿や城砦を築くこともできない。権力者や英雄は、その時代における庶民と、その生活（生産活動）によっても支えられていたのである。白井は、本当に目を向けなくてはならないのは、そうした無名の庶民の歴史ではないだろうかと考えた。

　このような問題関心から、白井は、テキストの記述を原始時代ではなく、宇宙の誕生する約138億年前からスタートさせている。宇宙と地球の誕生を充分に扱うことで、どのような環境によって人類が誕生、進歩し、世界の民族や文化が形成されていったのかを理解できるように配慮したのである。一般的な検定教科書が、(A) 権力者や英雄、国家や王朝の学習→(B) 政治改革や政変、戦争の学習→(C) 生産活動の担い手としての庶民の生活の学習へ——と視点が移行していくのに対して、『人間の歴史』は、(A) 地球そのものや世界各地の気温や気象条件、地理的条件などの環境の説明→(B) その環境に基づいて形成された庶民の生活の学習→(C) 庶民の生活を前提に誕生した権力者や英雄、国家や王朝の学習——というように、視点が反対から積み上げられていった。

　『人間の歴史』の第2の特徴は、日本史にこだわらず、世界史をもふくめた広い射程で歴史を把握し、世界各地における各年代の文化の特徴をグルーピングしたところにある。これによって、学習が年号や用語といった歴史的事象の暗記の作業になることを避けることが可能となった。

　たとえば、新石器時代を事例に説明すると、日本では、この時期が縄文時代、弥生時代と呼ばれている。一方、海外では、中国において、沙苑文化、仰韶文化。エジプトにおいて、タサ期、バダリ期、アムラト期と呼ばれている。各地の新石器文化には、いくつかの違いがあるが、大まかに見ると、植物の栽培、土器の製作、家屋の建築、磨製石器の使用という基本的な技術が共通している。これらの共通する条件は、新石器文化と旧石器文化の違いであるし、その後の古代文明との違いでもある。したがって、これらの技術が新石器文化における特徴であると学習すれば、とりあえず、世界各地の新石器文化の概要を理解することができる。白井は、このよう

にして、世界各地における各年代の文化の特徴をグルーピングすることで、歴史教育の膨大な学習内容を精選しようとしたのである[3]。

『人間の歴史』の第3の特徴は、児童生徒の学習活動に、写真や映像、実物の史資料、作文の執筆、フィールド・ワーク（調査活動）、「ものづくり」と呼ばれる製作活動を取り入れたところにある。テキストのみを教材にすると、児童生徒の学習は、受け身のものとなり、歴史的事象のイメージも育成しにくい。そこで、白井は、『人間の歴史』を実践する際には、テキストに依存するのではなく、これら多様な実践方法を推奨した。現代では、教室に電子黒板やプロジェクターが設置されていることも普通になっているが、『人間の歴史』が発表された1960年代から1970年代にかけては、まだそうした環境が整備されていなかった。当時は、カラー・コピーすら現在のように普及してはいなかったのである。その時期に、このように多様なメディアと実践方法を駆使する社会科の授業はめずらしかった。

とりわけ、『人間の歴史』において、児童生徒の学習活動で重視されたのは、「ものづくり」であった。一例を挙げると、縄文・弥生時代の学習にお

出典）『授業が活きる！たのしいものづくり』（授業を創る社，1987）、青柳優子・久津見宣子編『Ｉラブ授業―白井春男と「人間の歴史」―』（暮らしの手帖社，2009）

染色の体験、衣服の製作、ドングリや葛もちの調理、実物大のマンモスの体感。『人間の歴史』では、あらゆる実践方法が社会科に採用された。

図4-2 『人間の歴史』の授業

ける土器や石器、骨角器の製作、火おこしの体験。古墳時代における青銅器・鉄器の製作、米・麦の栽培、砂鉄と鉄鋼石による製鉄、糸紡ぎや機織りの体験などが挙げられる。白井は、児童生徒が「ものづくり」に触れることで、どのように人類が文化を発展させてきたのかを理解できると考えたのである。また、こうした文化の蓄積が人類にとって、かけがえのないものであること。権力者や英雄、国家や王朝は、このような文化の支えによって発生することを知ることにもなる。『人間の歴史』が、「人間」の歴史と名づけられた背景には、文字通り、「人間」が歴史の中心であって、神話や為政者が歴史の中心ではないと考える白井の主張がある（図4-2）。

3　日本の教育実践の世界への発信

　ここで取り上げた『人間の歴史』と、その教育実践は、何も遠い過去の記憶ではない。現在では、国公私立校を問わず、小学校や中学校において、児童生徒による稲作は、一般的な教育実践として普及している。また、石器の製作の体験などを教育活動に取り入れる教師も少なくない。このように見てくると、白井たちが提起した教育実践の方法に時代が追いついてきたのだと言うことができる。しかし、だからこそ、「ものづくり」の体験が、なぜ、教育実践において必要となるのか。写真や映像を活用することで、当該の教科におけるどのような資質を育成できるのか。このような論点を再認識しておく必要があるだろう。「ものづくり」が一般的になればなるほど、その意義や役割は意識されなくなる傾向がある。『人間の歴史』の提起した論点を、どのように受け止めていくかということは、現代においても教師たちに問われているのである。

　なお、『人間の歴史』に影響を受けた教育実践として、小学校教師の鳥山(とりやま)敏子(としこ)（1941-2013）における、「鶏の屠殺」の授業と、「豚と食肉」の授業は著名である。『人間の歴史』の授業では、縄文時代の生活を追体験するために、児童生徒が石器で、鶏肉を切る、解体するという試みがなされた。鳥山は、この試みをアレンジして、「いのち」という観点から、社会科の授業を創造

した。鶏や豚の屠殺や解体を実際に児童に体験させる彼女の教育実践は、「他人の手で殺され、解体された肉は食べられるが、自分の手で殺し、解体する肉は食べられない」という「人間のエゴ」と複雑性の考察が授業の中心となり、歴史教育の範疇を飛び越えることとなったが、「エゴ」と社会の結びつきという、社会科教育の重要な論点を深掘りすることを目的にしていた。また、後年、小学校教師の黒田恭史（くろだやすふみ）(1965-) は、鳥山の教育実践のうち、倫理・道徳教育の論点を取り出して、新たな教育実践を創造した。彼は、学級で豚を飼育し、その後、豚を「食べるか」、「食べないか」検討するという授業を児童に対し実践している[4]。黒田の教育実践は、フジテレビ系列のドキュメンタリー番組に取り上げられ、その後、俳優・妻夫木聡 (1980-) を主人公に、『ブタのいた教室』(2008：日活) として映画化もされた。戦後民間教育研究運動の成果＝『人間の歴史』が撒いた種は、このように、現代にもなお生き続けている。

　ただ、現在では、民間教育研究運動の蓄積を、どのように継承するのか。あるいは、どのように解体し、組み立て直し、創造を深めていくのかということは、教育界の中心的な議論になりえていない[5]。むしろ、フィンランド（フィンランド・メソッド）、オランダ（イエナプラン）、ドイツ・スペイン・ブラジル（フレネ教育）、ヨーロッパ・アメリカ（モンテッソーリ教育）など、欧米圏の教育実践や実践研究について、それをどう日本に取り込み、根づかせていくべきなのかということについて関心が高まっている。海外の知見に学ぶことも重要ではあるが、鳥山や黒田のような秀逸な教育実践を、むしろ、こちらから世界へ発信していくという可能性も忘れてはならない。

4　実践研究の新しい動向

　上記のように、民間教育研究運動は、さまざまな教育実践を生み出したが、とりわけ、教師自身による実践研究に影響を与えたことは重要である。実践研究には、生活指導や生徒指導、文化祭や体育祭といった学校行事などを対象とするものもあるが、もっとも一般的なのは、授業実践を対象と

した研究活動である。これを授業研究と呼ぶ。授業研究そのものは、明治時代から学校教育現場にて実施されていたが、アジア・太平洋戦争下になると、その活動が、ほぼ停滞した。だが、戦後になると、国公私立校を問わず、各地の学校に授業研究が普及していくこととなる。

　授業研究とは、1つの授業を複数の教師が観察し、授業時間中の具体的な出来事（＝「教室の事実」）に基づいて議論を重ね、教師の教育方法、児童生徒の学習プロセスを検討するいとなみである。学校外から研究者などの外部人材が招かれ、研究活動に参加することもあるが、一般的には、教師のみで行われることが多い。校内研修の1つである。

　授業研究は、①教材研究（教師の自学、研究会などを通した情報収集、他者の授業実践の模倣）、②学習指導案（計画の立案）、③授業実践の実施、④授業の検討（評価・反省）、⑤次回（次年度）の授業を再度デザインする、授業記録（授業実践記録。授業の内容を概説したもの）や、報告書の作成、⑥このようなサイクルの中で、③④を中心として位置づくことになる。

　本章の最初の部分で触れたように、教育界には、多様な形態の研修が存在する。それぞれの研修によって、授業研究の形式や目的も異なる。また、国公私立校の別、学校の校種、活動する世代や地域の差異によって、授業研究の形式も変化する。しかし、多くの場合、授業研究は、教師たちが1つの授業を観察することから始まる。また、授業の終了後は、学習指導案（授業案）や教材、授業を録画、録音したメディア資料、授業中の教師と児童生徒の発言を活字化したもの（トランスクリプト）、児童生徒の感想文、提出物、成果物などをもとに授業の内容を検討する時間が持たれる。そこでは、教師の意図はどのようなものであったか。授業の目標設定が適切であったか。児童生徒は、その目標に到達することができたか。教師の発問は適切であったか。教材やグループ・ワークは適切であったか。別の発問や授業展開は可能ではなかったか。明らかに不適切な授業展開ではなかったか。次回の授業には、どのように接続をするべきか。……検討されるべき論点は多いが、おおむね、このような話題が議論の中心となる。

　近年では、教師の動きだけではなく、児童生徒1人ひとりが1時間の授業をどのように過ごし、どのように学習を深めたのかということを明らかにすることも、授業研究の重要な目的となっている。教師からの働きかけ

だけではなく、児童生徒の側から授業を捉えなおすことも、授業研究の重要な視点となるからである。従来の授業研究や授業参観は、児童生徒（被教育者）ではなく、教師（教育者）ばかりを観るものであった。保護者による授業参観のように、教室の後方から授業観察を行うイメージは、旧来の授業研究のイメージである。最近では、教室のあちこちに参観者が散らばり、児童生徒の表情や教材や課題に取り組む姿を多角的に把握しようとする授業観察のスタイルも一般的なものとなっている。

こうした日本の授業研究は、海外でも好意的に評価されている。1999年、ドイツ、アメリカ、日本における初等・中等教育の授業を比較、分析した、心理学者のスティグラー（Stigler, J.W.）らによる『ティーチング・ギャップ（The Teaching Gap）』という文献が出版された。教育界でベストセラーになったこの文献には、日本の学校教育現場の特徴として、教師による授業研究が教育活動の質を向上させているとの指摘があった。そのために、『ティーチング・ギャップ』の普及とともに、アメリカを中心に日本の授業研究が、「レッスン・スタディ」（Lesson Study）として認知されるようになる。2006年には、世界授業研究学会（The World Association of Lesson Study、略称、WALS）も結成され、現在では、中国、タイ、マレーシア、イラン、イギリス、フィンランド、スウェーデン、オーストラリア、カナダなど、各国の学校教育現場に「レッスン・スタディ」という概念が定着した。日本の授業研究が世界の教育界のスタンダードに成長したわけである。

授業研究が海外から注目された背景には、第1に、国際的な学力調査TIMSS（Trends in International Mathematics and Science Study）の影響がある。日本は、TIMSS調査開始の1995（平成7）年以来、とりわけ、理系科目において、安定した成績を収めていた。先進諸国がこの結果に注目し、日本の公教育における授業研究が良質な授業と児童生徒の学力を支えているのだと考えた。また、第2に、アフリカなど、いわゆる発展途上国や諸地域に対する教育支援活動の影響がある。1990年代、教育支援活動の中で、理系科目の良質な授業方法が模索され、日本の授業研究に関心が寄せられた。第3に、アジア諸国に対する日本の教育支援の影響がある。アジア諸国に対して、日本の教育実践とともに、授業研究という方法が輸出され、人々の関心が寄せられるようになった。

なお、授業研究が海外から評価された点としては、以下のようなものが挙げられる。①授業研究が日常的な取り組みとして定着していること。②授業実践者に対する一方的な批判（＝いわゆる「ダメ出し」）ではなく、同僚の学び合いが重視されていること。③授業研究の成果が、教師の授業実践における力量形成、教材研究の深まり、全般的な教育活動に対して有益なものであること。このような点が挙げられる。しかし、当然のことながら、日本各地の学校が、このように良質な授業研究ばかりを行っているわけではない。場合によっては、授業研究の内容が、管理職や先輩、同僚の授業を賛美する、あるいは、一方的な批判に終始する事例もある。だが、それは授業研究が理想や理念の通りに機能していないだけであって、授業研究という考え方そのものに問題があるわけではない。ただちに、授業研究をつまらないものと捨て去るのは、軽率である。教育学者の佐藤学（1951-）は、戦後日本の教師は、①教員養成の水準の高さ、②教員採用試験の競争率と教員給与の高さ、③校内研修を基礎とする専門家としての文化と伝統から、世界最高水準の優秀さを維持してきたと指摘している[6]。このように、歴史的に見ても授業研究は、日本の教育界にとって有益なものであることは間違いない。

　ただ、実際のところ、過去20年から30年の間に、教師の多忙化現象や行政研修の充実によって、授業研究や校内研修の頻度は低下しているという現状もある。成果が出ないとして、毎年のように繰り返される教育改革と、欧米から輸入された横文字の概念に振り回される前に、実践研究という、足元の"教育資源"や"教育遺産"を掘り起こすことにも関心を寄せる必要があるのではないだろうか。

注）

1) 佐藤博志・岡本智周『「ゆとり」批判はどうつくられたのか』太郎次郎社エディタス，2014. pp. 130-132.
2) ただし、当時の地方分権は、今日の地方分権とは内容の異なるものである。現在の教育改革における地方分権は、教育予算の削減や中央政府の負担軽減、首長への権限集中など多様な意図が盛り込まれており、当時とは内容が異なっている。
3) 歴史教育の「学力」は、単純にテストや入学試験で測定できるものではない。たとえば、現在、一部の公立高校の入試でも、「採点ミス」を軽減するために、マークシート方式が導入さ

れている。マークシート方式によって「学力」が決定され、それに合わせて中学校の学習内容が変化するわけである。この場合の「学力」は、教科教育の外側の力学であって、歴史教育そのもの意義や目的とは次元が異なる。年号の暗記などは、歴史教育の立場から見れば、ほとんど意味はない。「794年」（＝平安京への遷都）という年号を暗記しても、平安時代の特徴や史実に関する理解が深まるわけではない。白井の学習方法は、何を歴史教育の「学力」とみなすのかという点に、重要な問題提起を与えるものである。

4) 黒田の実践は、発表当初、白井が創刊した教育雑誌、『授業を創る』（第3巻第1号，授業を創る社，1996）でも取り上げられていた。
5) ただ、近年、民間教育研究団体の全体的傾向として、若手教師の加入率が低下しているという現実もある。これは、①教員採用時の年齢の不均等（世代によって採用者数のばらつきが生じたこと）による教職文化の断絶、②世代による教育実践の志向性の差異、③社会状況の変化（教育界の関心テーマ、トピックスの変遷）などを原因とするものである。
6) 佐藤学『専門家としての教師を育てる』岩波書店，2015, p.9.

知識を確認しよう

問題
(1) 戦後初期の教師が、どのような意図から教育実践に取り組んでいたのかを考えてみよう。
(2) 実践者（教師）と、参観者の双方に有益な授業研究の方法を構想してみよう。

解答への手がかり
(1) 戦前と戦後の学校教育現場の違いに注目し、時代背景を踏まえて検討しなさい。
(2) これまでの被教育体験（授業のみならず、クラス会議や部活動、児童会・生徒会活動など）をもとに、効果的に学び合いが可能になる雰囲気や他者との関係づくりを踏まえて構想しなさい。

第5章 日本に影響を与えた学習理論の諸相

本章のポイント

　本章では、「ティーチングからラーニングへ」、「知識・理解からコンピテンシーの獲得へ」、という世界的な学習のパラダイムシフトに影響を与えている社会構成主義的学習理論を学ぶ。
　1節においては、教授主義とその対抗軸としての構成主義の萌芽であるヴィゴツキーとピアジェの学習理論を学ぶ。
　2節においては、戦後日本の教育にも大きな影響を与えたヴィゴツキーとデューイの受容をめぐる問題を論じる。
　3節においては、今日の「学び」の理論の新たな展開を概観する。
　4節では、「教えから学びへの転換」に影響を与えた国際的潮流を論じる。
　5節では、そういった学習を支える教師像をD.ショーンの「省察的実践家」論をもとに考える。

1 構成主義の萌芽──ヴィゴツキーとピアジェ

A 教授主義からの脱却

　「教え」から「学び」へ。今、学習のパラダイムが大きくシフトチェンジをしようとしている。アメリカの認知科学の研究者、キース・ソーヤー（Sawyer, R. K.）は、これまでの学校教育が「教授主義」であったと批判する。教授主義では、知識は問題解決に必要な事実と手続きの集合であると捉え、学校教育の目標はこれらを生徒たちの頭の中に注入することにあると考える。事実とは、たとえば「地球の自転軸は 23.45 度傾いている」などの記述可能な知識であり、手続きとは、「『繰り上がりのある足し算』の方法のようなもの」を指す[1]。教授主義は、20 世紀初頭の工業化経済に向けて準備するものであったが、1970 年代に行き詰まりを見せる。ポスト近代に求められる創造的な学びや複雑な概念を深く理解する学びが起こりにくく、また、学ぶことの意味の喪失といった事態が起こってきたのである。

　それに対し、1970 年代以降、心理学、計算機科学、哲学、社会学等の人間の精神に関わる諸科学の進展から、「認知科学」、「学習科学」と呼ばれる新たな学問分野が生まれた。ソーヤーは、アメリカにおけるその中心人物の 1 人である。日本でも 1983（昭和 58）年に「認知科学会」が生まれ、心理学、言語学、教育学、哲学、社会学、人工知能、脳神経科学、情報科学などの学際的研究を推進してきた。「教え」から「学び」への転換の根底にはこのような学問の基盤変動がある。

　しかし、実際の学校現場では、伝統的な教授主義の影響は根強い。教授主義は近代科学の方法である実証主義を元にしており、自然科学的な学問の枠組みを重視する。観察された事実から仮説を形成し、そして、事実と合致していることを検証することで、「正しい」と判断をする考え方が実証主義だ。この実証主義の哲学が自然科学だけではなく、心理学や教育学にも適用されてきたのである。

　実証主義の教育を支える心理学は、ワトソンに始まり、スキナー（Skinner, B. F.）が大成する行動主義心理学であった。心は外から見ることができない、と考えた彼らは観察された事実である行動のみから心理学の理論を

構築していく。スキナーとその後継者は学習は特定の「刺激」と特定の「反応」が結びつくことによって生じると考えた。たとえば、ハトやネズミにエサ、すなわち、「刺激」＝〔報酬や嫌悪刺激（罰）〕を与え、「強化」＝〔自発的にある行動を行うようになること〕を学習であるとする。人間の学習もそれが複雑化したものと捉えられ、知識の階層構造を分析し、基礎から応用へと学習していく効率的なプログラムを生み出そうと考えた。

佐藤学は、数多くの教室で授業を研究する中で心理学の言説が「教師の思考と活動を統制し、授業と学びの様式や教育内容のプログラムやその制度を規定している[2]」とし、中でも最も影響を及ぼしたのは行動主義の心理学であったと述べている。

B 構成主義——ピアジェ

その実証主義に対置される言葉は、「構成主義」である。構成主義は、教育分野だけではなく、人文社会科学すべての領域において広がっているアプローチだ。国や論者によって多様な意見があり、統一された1つのアプローチとは言えないが、現実は人が世界と交わることで構成されると考える点で共通している。「知る」ことは、人が「こころ」の中で世界を作り出していくこと、すなわち、構成していくことだと考えるのである。

構成主義の教育を支える心理学の始祖は、スイスの心理学者、ピアジェ（Piaget, J.）である。ピアジェは、新たな知識を学んでいく際に、既にその人が持っている知識構造を介して外界と相互作用することで、新しい知識構造が構成されると考えた。この知識構造を「シェマ（schema）」と呼ぶ。ピアジェは、シェマを介して周囲の物事を把握することを「同化」、既存のシェマでは対処できず、元の枠組みを修正・変化させていくことを「調節」と呼び、シェマが複雑に豊かになっていくことを発達と考えた。

教授主義が子どもの頭脳は「何も書かれていない白紙の状態」と捉えるのに対し、ピアジェは人が学ぶとは自分の固有の知の体系に新たな知識を位置づけることだと考えるのである。

ピアジェはさまざまな実験

表5-1　ピアジェの四段階発達論

1	感覚運動期	0～2歳頃
2	前操作期	2～7、8歳頃
3	具体的操作期	7、8歳～11、12歳頃
4	形式的操作期	11、12歳頃～

方法を開発し、子どもがどのようにして知識を獲得していくのかを実験し、知性の発達段階を大きく4つの段階に分けている（表5-1）。この発達段階は日本においても、保育や教育、とりわけ教科教育の領域に大きな影響を与えた。

C 構成主義から社会構成主義へ

ロシアの心理学者、ヴィゴツキー（Vygotsky, L. S.）はピアジェを評価しながらも、その能力の形成過程論に異を唱えた。ヴィゴツキーの理論は、後に述べるデューイの理論とともに現代の社会構成主義の学習理論の基底をなすこととなる。

1920年代当時、心理学において支配的であったのは、人間の精神発達を生物学的―自然主義的に捉えるものであった。これに対し、ヴィゴツキーは、人間の心理発達の基礎には人間の活動（社会的労働）と言語的コミュニケーションがあり、文化的・歴史的なものであると考えた。人間は、道具を媒介にして自然に働きかけ、自然をつくりかえていく。たとえば、ホモ・サピエンスが北方に広がっていくことを示す遺跡で、動物の骨で作った縫い針が見つかっている。「裸の猿」である人類の祖先は縫い針を使って、毛皮を縫い、そのことによって自分たちの生活世界を広げていった。この縫い針にせよ、毛皮の衣服にせよ、道具は文化的、歴史的なものである。そのものを取り込むことによって、人類は対象となる自然と自らも作り変えていったのである。ヴィゴツキーは、主体と道具と対象の関係を図5-1のような図式（「ヴィゴツキーの三角形」と呼んでおこう）で表した。この主体と道具と対象の関係を、人間の心理活動においては、心理的道具＝言語が媒介すると考えたのである。人間（A）は言語（X）を媒介として、他者（B）と関わり、その過程で社会の文化遺産を習得していく。他者との言語を介した精神的な交わり（精神間）が、自分（主体）の精神内に取り込まれていくことを発達と考えたのだ。

ヴィゴツキーは言語を「外言」と「内言」に分ける。外言は、通常の音声を伴う伝達の道具としての社会的言語を指す。一方、内言とは、音声を伴わない内面化された思考の道具としての言語である。この媒介を介した交流関係とその取り込みのプロセスは文化や社会に規定されるというのが

文化―歴史理論である。

ヴィゴツキーの主著、『思考と言語』第２章はピアジェの研究の批判的検討にあてられている。その１つは実験室的方法への批判である。ピアジェが目指したものは子どもの「純粋な」精神発達の段階を明らかにすることであった。純粋性を保つために、さまざまな条件をコントロールした。精神の発達は人間の相互作用によると考えたヴィゴツキーにとっては、それは文化的社会的条件を無視したという点で不満なものであった。子どもは実験室に入るその前に、既に自分なりに社会的に構成された知識を持っていると考えたからである。

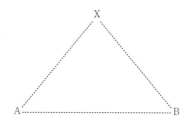

出典）ヴィゴツキー，L. S. 著/柴田義松ほか訳「子ども文化的発達の問題」『ヴィゴツキー心理学論集』学文社，2008, p. 148.

図5-1 「ヴィゴツキーの三角形」

ピアジェとの違いがよくわかるのは、子どもの独り言をめぐる評価だろう。ピアジェは２～７歳において現れる「独り言」を自己中心性の表れだと考えた。自己中心的とは自他の区別が不分明で、自分の視点が唯一絶対的であるという思考の形式である。この時期の子どもは盛んに独り言（自己中心性言語）を言いながら独り遊びを繰り返すが、やがてそれは消える。これをピアジェは社会性が発達していくからだと捉えた。

ヴィゴツキーはこの見解を批判する。自己中心性言語は、内言と外言の分化が不十分な段階のもので、外言から内言へと進化していく過程であると考えたのである。ヴィゴツキーはピアジェの実験と同じような実験を子どもに行う。ただし、子どもにある心理的負荷をかける。たとえば、自由に絵を描かせる実験を行い、そのときに必要な鉛筆などの道具が手元にないようにする。すると、子どもの独り言が増大する。「鉛筆はどこ？　こんどは青鉛筆がほしいんだよ。いいや、かわりに赤でかいて、水でぬらしちゃおう。」というように。子どもは負荷に対し、自分自身に話しかける言葉を音声化しているのだ。

子どもは、他者によって話しかけられた言葉（外言）を創造的に模倣する。しかし、まだ内言が育ちきっていないためにそれが音声言語として漏れ出

る。外言から内言への発達のプロセスが自己中心性言語の意味だと考えたのである。ピアジェは「内言」ができてから「外言」ができる、つまり、思考ができるようになってから話し始めると考えたが、ヴィゴツキーは言語のやりとりの中で思考が生まれると考えた。子どもの口げんかは先に思考があるのではなく、口げんかをするときに思考が生まれるのだとみるのである。ピアジェは生物学的、自然発生的に言語・思考は発達していくととらえ、ヴィゴツキーは環境と双方向のコミュニケーションが言語・思考の発達を促す社会的プロセスだ、と捉えたのである。

ヴィゴツキーは社会構成主義を切り開いたと言われることになるのだが、社会構成主義の「社会」とはこの人間相互の関係性が世界を構成していくという立場だということである。

2　日本におけるヴィゴツキーとデューイの受容

A　ヴィゴツキーの「発達の最近接領域論」

ヴィゴツキーの理論は、1960年代になって、世界に影響を与える。その大きな影響を受けた国の1つが日本であった。

日本では、『思考と言語』が世界に先駆けて翻訳された。日本の教育学にはソビエト（マルクス主義）教育学の影響が強くあり、その研究者であった柴田義松はヴィゴツキーの一連の著作を精力的に翻訳する。そして、ヴィゴツキーの理論、中でも「発達の最近接領域[3]」論と「生活的概念と科学的概念の相互作用」という理論は日本の教育実践に大きな影響を与える。第4章で詳述されることになる民間教育団体は積極的にこの理論を受け容れている。たとえば、教育科学研究会のリーダー、勝田守一は「子どもは、おとなの組織的な援助と、学習集団の相互刺激のもとで、科学的思考の基礎を、背のび（高次の模倣）をしながら学習する。（略）ヴィゴツキーが発達の『最近接領域』とよんだものをつくり出すのが教育なのだ[4]」、と述べ、その説は教育の科学化、教科教育などに大きな影響を与えた。

1960年代の日本の教育は、経験主義の教育と系統主義の教育の主張が激

しくぶつかり合っていた。1951（昭和26）年版の『学習指導要領』は、後に述べるデューイ（Dewey, J.）ら、アメリカの経験主義教育学の影響を受け、「問題解決学習」と呼ばれる日常生活を題材とし、生徒の自主性を引き出すことを目指した学習が行われていた。系統的な科学主義的教育を推し進めようとする側は、これらを「這い回る経験主義」「学力低下を招く」と批判していた。当時、ヴィゴツキーの発達の最近接領域論は「子どもの発達における教授の主導的役割」として捉える傾向が強く、系統的な科学教育の理論支柱の1つとして受容され、経験主義批判の原理となったのである。

日本のヴィゴツキー受容のもう1つの経路は、アメリカのヴィゴツキー研究を経た教育学、保育研究での受容である。

アメリカのブルーナー（Bruner, J.S.）は、発達の最近接領域論にインスピレーションを受け、「足場かけ」（スキャフォルディング）理論を生み出していく。ブルーナーは発達の最近接領域論の中にある「大人の指導のもとで、あるいはもっと力のある仲間と協力して行う問題解決」に力点を置き、有能な他者の助けを得ることで、子どもたちがその助けがないときよりも複雑な課題に取り組めるような学習支援のあり方を研究した。「足場かけ」とは、建設作業における足場を比喩としている。日本での「教授が主導する」という理解と比べると、関係性に重点を置いた理解だと言えよう。この足場かけの理論は日本でも教科の学習だけではなく保育場面などで、今もよく使われる概念である。

コラム　ヴィゴツキーの生涯

ヴィゴツキーは、1896年ロシアのベラルーシに生まれた。モスクワ大学に入学した1914年には第一次世界大戦。1917年にはソビエト権力が確立され、1922年にはソビエト社会主義共和国連邦（ソ連）が成立する。その若き時代を戦乱と革命の中ですごす。卒業後、ヴィゴツキーは故郷の演劇学校や師範学校の教師となる。そんな片田舎の教師に転機が訪れたのは、1924年のことであった。レニングラードで行われた学会での報告が評価され、モスクワ大学の心理学研究所に招かれる。ここで、その後、ヴィゴツキー学派を形成することとなるルリヤ（Luria, A.R.）、レオンチェフ

(Leont'ev, A. N.) らと出会う。ここから本格的な心理学研究が始まるのである。しかし、その年レーニンが亡くなると、ソ連の後継指導者のスターリンは個人崇拝を進め、秘密警察の支配を背景とした恐怖政治や大規模な粛清などを行っていく。1930年頃には、ヴィゴツキーたちの学派も弾圧の対象となり、研究の拠点を失い、同時に結核に襲われる。そして1934年、37歳の若さでこの世を去る。その死後も、ヴィゴツキーたちは「反共産主義的」というレッテルを貼られ、書物は発行禁止となり、引用をすることすらも許されなくなってしまう。主著『思考と言語』は、以来30年にわたって幻の本となる。

しかし、スターリンの死後（1953年）、ソビエトはスターリニズムを批判し、ヴィゴツキーは名誉を回復する。ルリヤはいち早く『思考と言語』を復刊し、それに影響を受けたのが、アメリカのブルーナーだったのである。さらにその後、ソビエトのペレストロイカという社会主義立て直し政策の中で全著作が公開され、ブルーナーの後を受けたコール、ワーチ、北欧のエンゲストロームといった人々が現在の認知科学につながる研究を進めた。

ヴィゴツキーはスターリニズム時代に、その学説がコスモポリタン的で、人間の活動よりも意識を過大評価しており観念的であるという理由で弾圧を受けたのだが、このコスモポリタニズムと機械的ではない心理学への追究が、母国や世界において民主化を希求する研究者たちのヴィゴツキー復権の推進力となった。

B 経験主義の教育——デューイ

ヴィゴツキーと並び、社会構成主義の基礎となるのは、アメリカのデューイの理論と実践である。デューイは、プラグマティズム（実用主義）の流れをくむ哲学者だ。自分自身の哲学を"Experimentalism"（経験主義、実験主義）または"Instrumentalism"（道具主義）と呼び、現実世界における問題の解決のために、目の前の具体的な状況に知的に対応することを哲学の目的とした。デューイの教育は、戦前戦後の日本の教育に大きな影響を与えてきた（第4章、第7章参照）。

1886年、デューイは教材中心ではなく、子ども中心の教育理論による「実

験学校」(シカゴ大学附属小学校)を設立する。そこで、大工仕事、布織り、料理等の仕事が、学習の中心となるプロジェクト型の学習を展開したのである。デューイはこの仕事を「オキュペーション」(occupation)と呼んでいた。子どもが熱中して活動し、協同しながら自分たちの生活を創造することを通して、民主主義的な社会とそれを担う人格を育てるのがデューイの目的であった。

　たとえば、子どもたちは実際に糸を紡ぎ、縫い物や織物に取り組む。そういった手作業の中で、その仕事の困難さを知り、木綿産業が羊毛産業よりも発展が遅れた理由を実感したり、産業革命による機械の発明の意義を再確認する。教師からの質問や示唆に助けられながら、原始的な糸紡ぎ機を作り、その中から物理学を学んでいくというような学びを行った。これらは、子どもたち自らが問題を導き出し、それを解き明かしていくような学習を目指すものであった。実験学校は、学校の時間、空間を変える。細切れの時間割からプロジェクトを中心とした長期にわたる時間設定へ、学習空間も黒板と教師に向かって並べられた教室から作業室へと、姿を変えたのである。デューイの構想は、今のアクティブ・ラーニングよりもラディカルで、アクティブ(活動的)なものと言えるかもしれない。

　第7章でも述べられる大正新教育運動や戦後のコア・カリキュラム連盟(コア連)、問題解決学習は、デューイの理論と実践に学んでいる。コア連から発展した日本生活教育連盟(日生連)の川合章は『授業研究』[5]の創刊号でヴィゴツキーの「生活的概念と科学的概念の相互作用」を実証的に明らかにすることが日本の教育の課題であると論じている。日本には、日生連や生活を重視した綴方教育を研究する日本作文の会があり、系統主義と経験主義の論争はありながらも、「生活と科学の結合」は教育運動の大きなテーマだったのである。1960年代の日本における系統主義と経験主義の論争は、ともに教え込み中心、科学的知識軽視の戦前の教育を批判していた。しかし、その寄って立つイデオロギーの衝突やデューイやヴィゴツキーの一面的理解という不十分さ、さらには実践そのものをていねいに分析することはできなかった。両者を結びつけるには、条件が熟していなかったのである。

コラム　教育はほんとうにいいもの？

　1970年代、世界に「学校」が「蔓延」する中で、「学校は、本当に人々を幸福にするものだろうか」という問いが生まれてきた。
　代表的なものは、イリッチ (Illich, I.)[6] の『脱学校』論である。プエルトリコのカトリック大学の副学長も務めた神父、イリッチは現代の文明についての根源的な批判を投げかける。制度化された病院、学校、福祉は、人々のヴァナキュラー (vernacular) な知を無能化したとイリッチは告発する。イリッチはヴァナキュラーを「一般の市場で売買されないもの」の意で捉えている。現代の社会は伝統的な社会が持っていた福祉や育児といった活動を市場経済に奪われ、本来の意味を失ってしまっている、制度化の典型は学校である、というのがイリッチの主張であった。社会そのものが「学校化」することにより、「知は学校によってのみ教えられる」「学校で学んだことにのみ価値がある」「学校を通してしか社会的メンバーになれない」という「信念」を人々が持ってしまっていることをイリッチは告発した。「脱学校」"deschooling"とは、そういった社会からの脱却を意味している。
　イリッチと共同し、第三世界における民衆教育を担った人物にブラジルのフレイレ (Freire, P.) がいる。フレイレは、『被抑圧者のための教育学』を著し、民衆教育、とりわけ識字教育を推進した。フレイレは、現今の教育は「銀行型教育」であると批判する。教師が知識を貯金箱に貯め込むように、生徒の頭に知識を貯め込むだけの伝達型の教育だというのである。フレイレは非識字の貧しい農夫たちが日常使う言葉を調査し、それをもとに識字テキストを作る。農夫たちは、そのテキストを使い、自分たちの境遇を話し合い、その過程で文字を覚えていく。文字を学ぶということは、自分の暮らし、生活を変えていく「意識化」としての自己教育であったのだ。イリッチもフレイレも第三世界だけではなく、先進諸国でも教育学への根本的な批判を与えるものとして、後述する人権教育に大きな影響を与えていく。

3 今日の社会構成主義の学習理論

A 活動理論——レオンチェフからワーチへ

　今日の社会構成主義は、その理論的源泉をヴィゴツキーとデューイに求めている。日本においては対極にあるかのように言われた2人が並び称せられるのは、なぜだろう。その鍵は「活動」、「共同体」という概念にある。

　レオンチェフは「ヴィゴツキーの三角形」の重点を記号から活動へと移動させ、「活動理論」を作ってきた。ヴィゴツキーにあっては、「道具」は記号、とりわけ言葉であり、言葉と思考の発達の関連がその研究の焦点であった。レオンチェフは言語よりも人々が対象世界に共同的能動的に働きかけていく「活動」との関係を重視して精神発達を捉えようとした。

　北米においてこの動きを推進したのは、前述したブルーナーであり、それに続いたやコール（Cole, M.）やワーチ（Wertch, J.）らであった。コールは、まず、文化人類学と心理学を結びつけようと試みていた。文化的差異によって、人々の思考が違ってくるという事実を読み解くのに、ヴィゴツキーの文化—歴史理論は有効だったのである。コールは、さらに、「道具」の概念を拡張し、「人工物（artifact）」という概念を提起する。われわれの周りを取り巻くものすべて（記号も物質的なものも含めて）人工的に作られた環境全体であり、それは歴史的文化的な「モノ」だ。コールはコンピュータも含む環境を作り、その中で子どもたちがコミュニケーションをとり、活動をしていく中で相互作用や発達的変化をとげていくという様子を観察、分析する研究を試みている。これは環境を準備し、活動を促すことによって子どもが主体的に学ぶ場を作っていくという学習理論として発展する。

　ワーチは、ヴィゴツキーの研究が〔子ども—教師〕の1対1の関連を扱う傾向が強かったことに対し、ロシアの文学理論家バフチン（Bakhtin, M. M.）の理論を援用し、「対話」（発話は声に対する別の声の応答である）、「多声性」（1つの対話の場には複数の声が存在している）といった諸概念を使って、複数の媒介の相互関係が心理過程あるいは行為にもたらす効果の解明を試みた。ワーチは、教室の中で教師と複数の生徒が行う相互作用の中で発達がなされていく状況を明らかにしたのである。

「道具」「人工物」「対話」「多声性」といった概念の拡張はヴィゴツキーの理論を社会形成の場へと引っぱり出し、共同体に向けられ共同体の必要不可欠な役割を担って参加することに向けられた[7]。この「活動」の捉え方が、デューイの「活動中心主義」に結びつき、今日の社会構成主義の学習理論の基礎となっている。

B 「文化的実践への参加」としての学習——レイブ＆ヴェンガー、エンゲストローム

今や社会構成主義は学校教育だけではなく、さまざまな「学習シーン」へとその影響を拡大している。

レイブ（Lave, J.）とヴェンガー（Wenger, E.）は、アフリカの仕立屋、操船、アルコール患者の集会、肉屋などの学習プロセスを研究し、「正統的周辺参加論」を導いた。徒弟制のような学び方では、新参者は実践的共同体の仕事の周辺にある営みに参加する。新参者は、その意味では正規メンバーではないが、その共同体に参加し、その参加を通じて得られる知識により学習者自身が変容し、やがて「十全的な参加」と呼ばれる正規メンバーとなっていく。正統的周辺参加とはそのような共同体による学習を指す。そこでの学習は学校教育のような文脈を欠いた知識ではなく、生徒と教師といった一方的な知識の教授関係に依存しない。

この書を訳し、レイブとヴェンガーを日本に紹介した佐伯胖は、教育を文化的実践という視点から捉えている。文化的実践へと、大人の呼びかけに応えて子どもが参加するとき、子どもが自分にも何かできそうだという気配を感じて、それに支えられて子どもの認知能力が促進されることを、佐伯は「発達の最近接領域」だというのである。

さらに、フィンランドのエンゲストローム（Engeström, Y.）の「拡張的学習論」は、発達の最近接領域を集団の成長へと拡張する。「ヴィゴツキーの三角形」に、ルール、コミュニティ、分業を加えという図5-2のようなモデルを作った（「エンゲストロームの三角形」と呼んでおこう）。

たとえば、図5-2は、移民や難民を多く抱えるヤコマキ・ミドルスクールの例だ[8]。「エンゲストロームの三角形」を見ると、「対象」＝「生徒」に〈無気力な生徒と活気に満ちた生徒〉といった矛盾、「道具」＝「指導」に

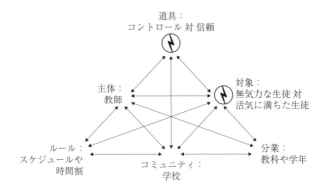

出典）エンゲストローム，Y. 著/山住勝広監訳『拡張的学習の挑戦と可能性——いまだここにないものを学ぶ』新曜社，2018, p. 113.

図 5-2　エンゲストロームの三角形

おいて〈コントロールか、信頼か〉といった矛盾を抱えていることがわかる。エンゲストロームたちは、こういった矛盾とその解決こそが集団を発達させると考えた。生徒を対象としたエスノグラフィーの中で、教師たちが無気力と捉えていた生徒たちが、実は、コンピュータとの関わりでは決して無気力ではないことがわかってくる。コンピュータを設置しても壊されるのではないかという懸念に対し、若い先生が前任校での別のケースを提示する。その中で、学校の改革が行われていった。ただ単にコンピュータという学習環境が与えられれば、そのテクノロジーによって協同学習が進むわけではない。「エンゲストロームの三角形」等を使って、活動を分析、視覚化することによって、生徒たちの実態の矛盾、教師の指導の矛盾、つまりは集団の発達の最近接領域を明らかにし、それを解決していくことが集団を成長発達させるということを明らかにしたのである。

4　「教え」から「学び」への転換

今日の「学び」の学習理論が協同を重視し、活動を重んじ、知識は与え

られるものというよりも、そこで生成されるものという知識観を持つのは、こういった社会構成主義的な理論によるものである。しかし、理論ばかりが直接に実践を動かすわけではない。そこには多層的で、多様なモメントがある。ここでは、2つの影響を挙げておきたいと思う。1つは、「子どもの権利条約」とそれと前後して展開された国際的な教育運動。もう1つは、OECDの推し進めている教育政策である。

A 子どもの権利条約と「学習の転換」

「子どもの参加」と「学び」を大切にした国際的な潮流の1つは、子どもの権利条約とそれに関連する国際的な教育運動だ。子どもの権利条約は、子どもの生存、発達、保護、参加という包括的な権利を実現することを目的とした条約である。同条約は、途上国における就学・識字、紛争国における子どもの生存等のみならず、すべての国の子どもの「最善の利益」を考え、子どもを参加の主体と捉える積極的内容を持つものであった。日本も1994（平成6）年に批准をしている。この条約と前後してユネスコやユニセフといった国際機関で教育に関する宣言や提言がなされる。

中でも1991年、ユネスコが組織した教育専門家会議によって出された「ユネスコ・国際教育指針[9]」は、今日の参加型学習の原型をなすものである。「指針」は「知識、態度、価値、スキル」という4つの次元を教育の中に取り込むことが「国際理解、国際協力、平和、人権」を推進していくうえで必要不可欠とした。そして、特にスキルの中身として、「批判的思考、問題解決、協同、想像力、自己主張、対立解決、寛容、参加、コミュニケーション能力」を挙げ、教育方法の原則として「教育方法とそのメッセージの間の一貫性」を強調した。教育内容と方法を切り離さず、一体のものと考えるのは、今日のアクティブ・ラーニングにとっても重要な原則であろう。さらに、活動として、ロール・プレイングや共感の表現を挙げるなど、具体的な提案を行っている。その中身を作り上げ、広めてきたのは、ヨーロッパのヒックス（Hicks, D.）やセルビー（Selby, D.）、パイク（Pike, G.）らが展開したワールドスタディーズやグローバル教育であった。日本においても、1990年代後半に教育団体、環境団体、人権団体などがこれらの人々を招き、盛んにワークショップ型の授業の導入を図った。アクティビティ

と呼ばれる活動を軸としたワークショップ形式の授業はここに始まったと言えるだろう。アクティビティは子どもの権利、平等、公正などの価値を、それに対応するゲーム、ロールプレイ、シミュレーションなどの技法を通して、体験的に学ぶものである。これらの教育方法は「指針」が示したものを具現化していくものであった。

B PISA——学習指導要領の影響

　日本の教育に大きく影響を与えたもう1つのモメントはOECD（経済協力開発機構）が行うPISA（第6章で詳述する）というテストであろう。OECDは「知識基盤社会」「グローバル化する世界」の中で人々が持つべき知識や能力群である「コンピテンシー」の育成を図ることが重要だとし、DeSeCo（デセコ、Definition and Selection of Competencies: Theoretical and Conceptual Foundations）というプログラムを開始した。そのコンピテンシーを測るためのテストがPISAである。

　キー・コンピテンシーは「1. 相互作用的に道具を用いる」「2. 異質な集団で交流する」「3. 自律的に活動する」という3つの広域カテゴリーに分類され、それぞれが下位のコンピテンシーを持つ。社会構成主義的な学習観を持ち、先の「指針」とも重なる部分がある。

　今次（2017年）の学習指導要領にも影響を与え、「資質・能力」という概念や「主体的で対話的で深い学び」「何がわかるか」だけではなく、「何ができるか」というタームは、このキー・コンピテンシー論を背景に持っている。つまり、「わかる」だけではなく、実際の場面で「使える」「できる」ということが求められるのである。しかし、OECDがPISAというテストをてこに、こういった教育を諸国に導入しようとしていることに対する批判もある[10]。各国の教育の重点がテストによって競争的になり、テストに出る教科が偏重される等教育のあり方をゆがめているというのである。

　「教えから学びへ」というパラダイムの転換の中で、どのような教育実践を私たちは創っていこうとしているのかということが、問われている。

5　省察的実践家——ショーン

　こうした社会構成主義的な学習観に立つ教育を進めるには、それを担う教師の養成が求められる。従来の実証主義的な教育では、教育内容を基盤にし、教育内容と技術合理主義的な適用が求められた。しかし、社会構成主義的な学習は、活動を組織し、集合的な知を生み出す集団を作り、それを運用し、そこで生み出される知を評価することを教師に求める。

　技術合理主義的な専門家像に対し「省察的実践家」という概念を対置し、日本や世界に大きな影響を与えているのは、ショーン（Schon, D.）である。これまで、専門家のモデルは、技術的熟達者としての専門家であった。それは、専門性の基礎を専門領域の科学的な知識と技術の成熟度に置く。教師であれば、教科内容の専門知識、教育学や心理学といった子どもに関する科学を学び、それを教育場面において適切に応用することが教師の専門性だとされてきた。しかし、今日の専門職が直面する問題は複雑で、問題に理論の適用を図る技術合理性だけで乗り切れるものではない。たとえば、医師は実際の医療現場で理論の単純適用では解決できない患者の状態に出会い、教師は生徒は１人ひとりが違う学びをするという複雑な現実に出会う。そういったときに有能な実践家は、そのとき、その場で、無数の判断を行い、自分の技をうまく実践する。しかし、しばしばその行為は言葉ではうまく説明できず、暗黙知的である、とショーンは言う。その技に省察（reflection）を行い、行為の秘訣をたぐり寄せることが、熟達した専門家を生んでいくと考えた。

　この省察論は、デューイに遡る。デューイは省察を、実践状況に直接関わる経験の中で生じるためらいや困惑、疑念から成長した思考形態であるとする。そして、これらを解決するため、「探究」が生まれ、判断、問題解決と実行で終わる思考が省察だと考えた。ショーンはデューイを継承し、それを省察的実践家という専門家像として提起した。

　技術的合理主義では、研究室で正しい学習理論が作られ、教師はそれを教育場面に正確に適用すればよいと考える。この立場を貫けば、子どもがわからないのは子どもが悪いか、その方法に精通していない教師の教え方

が悪いということになってしまう。現場は、知を生み出す場ではなく、実験室の知を応用するか、実験室のためのデータを収集する場となってしまう。

　ショーンが提起する省察的実践家は、研究的実践者であるとともに、実践的研究者だ。技を豊かに持つ教師は、子どものつまづきをその子どもの欠点として捉えるのではなく、「自分自身の教え方」に課題があると考える。そして、それゆえ、生徒を困らせているものは何かを説明できるよう省察する。「教師は授業の時間と教室という場所で、小さな実験研究を実行しなければならない。[11]」「行為の中で省察する時、その人は実践の文脈における研究者[12]」となるとショーンは言う。教師は現実に起こっている問題に推定仮説を働かせ、その仮説を行為によって現場で検証する。「省察」の語源、reflection は、光を当てた反射のことだ。省察的実践家は、そこで起こったこと、そのときのとっさの行為、それを支えた判断、技に焦点を当て、その意味を熟考する。

　教師による省察は、もちろん教師自身の成長につながるが、同時にその経験を通じて、子どもの省察指導にもつながる。今日の学習理論は自分が認知していることを客観的に把握し、制御すること、つまり「認知していることを認知する」メタ認知の能力が重要だと指摘しているが、省察はメタ認知を生み出すツールなのである。

　こういった学習が日本で本当に実現していくためには、何が必要だろうか。1つは学習パラダイムの転換を教師自身が自分の学びの体験として実感することであろう。2つ目には、それができるだけの時間的なゆとりと、集団を形成しやすいクラスサイズなどの教育条件整備が必要だ。そして3つ目には、教師の発想が生かされる教育環境の自由度が必要であろう。

注)

1) ソーヤー，R. K. 編『学習科学ハンドブック　第二版　基礎/方法論』第1巻，北大路書房，2018, p. 1.
2) 佐藤学「教師の実践的思考の中の心理学」『新装版　心理学と教育実践の間で』東京大学出版会，2013, p. 10.
3) 発達の最近接領域，最近接発達領域など複数の訳語があり，それぞれに違った力点でこの概念を捉えている。アメリカでは "Zone of Proximal Development" とし，ZPD と略すことが

ある。
4) 勝田守一『能力と発達と学習』現代教育101選，国土社，1990, p.111. 初出は1962〜1963年にかけて教育科学研究会の機関誌『教育』に連載された「教育入門」である。
5) 川合章「生活概念と科学的概念」『授業研究』1巻1号，明治図書，1963．
6) イリッチはイリイチとも表記される。ここで示されているのは，『脱学校の社会』東京創元社，1977。
7) ヴィゴツキーが活動主義と言えるかどうかについては論争がある。詳しくは，中村和夫『ヴィゴーツキーの発達論――文化 歴史的理論の形成と展開』東京大学出版会，1998。
8) エンゲストローム，Y.『拡張的学習の挑戦と可能性――いまだにここにないものを学ぶ』新曜社，2018, p.112.
9) 堀尾輝久・河内徳子編『教育国際資料集――平和・人権・環境』青木書店，1998, p.356.
10) 「経済協力開発機構　教育局次長　アンドレアス・シュライヒャー博士へのオープンレター」http://daiyusuzuki.blogspot.com/2014/05/pisa.html（2018年10月23日取得）世界の著名な教育学者らも賛同している。
11) ショーン，D.『省察的実践とは何か――プロフェッショナルの行為と思考』鳳書房，2007, p.68.
12) 前掲書11），p.70.

知識を確認しよう

問題
(1) 「発達の最近接領域」とは具体的にどのようなことを指すだろう。
(2) 教育実習や授業観察での、あるいはあなたが今までに受けた授業のある場面をもとにして「省察」を行ってみよう。

解答への手がかり
(1) 自分の経験を振り返りながら、「発達の最近接領域」であったと思うことを記述してみよう。
(2) 具体的な授業場面での判断はどんな根拠で行ったのだろう。また、そのことはどういった結果を生んだのだろう。詳細に記述してみよう。

第6章 学力論の国際的動向

本章のポイント

　近年における学力観の変容について理解するために、国際的な動向に注目をしていただきたい。前半部分では国際的な影響を受けて日本の学力論がどのように形成されてきたかについて学ぶ。1節では国際的な学力テスト（PISA調査）で測られる「学力」とはどのようなものかについて考えていく。2節では現在の学力観への変容について歴史的な整理を試みる。
　後半では、国際的な学力観に関する具体的な事例を挙げ、日本がそこから何を学べるのか考える材料とする。3節では「国際バカロレア」制度の導入が希求されることの意味・意義について、4節では北欧のフィンランド共和国における学習観や、学習活動の実践について見ていく。

1 OECDの国際学力テストの実際

A 新学力観とPISA型学力

現在の「新学力観」とされる学習方法や形態（教育方法・技術）への変容を理解するためには国際的な動向に注目をする必要がある。近年において「学力観」について大きな影響を及ぼしたのはOECD（経済協力開発機構、Organization for Economic Co-operation and Development）により2000（平成12）年以降、3年ごとに実施されているPISA調査（学習到達度調査、Programme for International Student Assessment）である。特に2003（平成15）年調査の結果が「学力低下」「PISAショック」と報じられ、学力向上が教育政策の課題として取り上げられるきっかけとなったことが記憶に新しい。PISAテストは世界各国の15歳児を対象[1]としてその学習到達度を測ることを目的とするが、日本の順位と得点は表6-1のようになる。

表6-1 OECD：生徒の学習到達度調査（PISA）日本の成績

	日本					
	2000	2003	2006	2009	2012	2015
総合読解力	8位	14位	15位	8位	4位	8位
	522	498	498	520	538	516
数学的リテラシー	1位	6位	10位	9位	7位	5位
	557	534	523	529	536	532
科学的リテラシー	2位	2位	6位	5位	4位	2位
	550	578	531	539	547	538

出典）国立教育政策研究所編『OECD生徒の学習到達度調査（PISA）--2015年調査国際結果報告書』生きるための知識と技能6，明石書店，2016, pp. 20-21より作成。

これを見ると2006（平成18）年までは全体的に低下傾向にあったが、以降は徐々に順位を上げつつあるようにも見えるし、理系については悲観するほどの低い順位ではないように読めるであろうか（とくに科学）。それとも前半での「学力低下」を危機感として持ったことで何らかの対策が講じられ、その成果が2009（平成21）年以降の浮上として表れたと考えればよいのであろうか。

あらためて根本的な問いから始めたい。PISA型学力とは何か？ PISA2003調査には目的として「思考プロセスの習得、概念の理解、およびさまざまな状況でそれらを生かす力を重視して調査する」[2]と明記されている。同調査では自ら問題を発見し、その解決のために知識（書かれたテキスト等）を理解し、活用して熟考することをねらいとしている。そのため、読み解く力（総合読解力）や数学や科学の「リテラシー」（活用する技能）を測定することが目的とされている。「思考力・活用力・論理力」を重視するものと考えられ、現在日本において求められる「新学力観」と共通するものである。知識を記憶して習得するのが「旧学力観」だとすれば、その知識を組み合わせて応用して問題を解決していく学力（能力としての学力）として規定されているのが新学力ということになる。

B 学力の計測（A問題・B問題）

目指される学力観により、その計測の方法としてのテスト形式も変わってくる。全国学力・学習状況調査でも、記憶した知識量や計算・解法の処理スピード等を確認（旧学力）するための従来型のテスト（A問題＝「主に知識」を問う問題）に加えて、問題文が長文で課題を解決するためにどの知識を活用するかが問われる記述型のテスト（B問題＝「主に活用」の力を問う問題）形式も導入されるようになってきた。

国際学力テストと現在の学力論（とくに日本への影響）をもう少し深く考えていくために、次に「A問題」型学力が中心的に測られる世界規模でのテストの結果を挙げてみる。IEA（国際教育到達度評価学会、The International Association for Evaluation of Educational Achievement）で4年に1回の調査が行われているTIMSS（国際数学・理科教育動向調査、Trends in International Mathematics and Science Study）の結果である。中学2年生の数学調査について、日本の順位と得点とを記す（表6-2）。

比較の対象としてPISA調査結果から「数学」を抜き出してみる（表6-3）。

こうしてみると、「数学」のシンプルな試験方式（A問題型）については、日本の結果は（順位・得点とも）大きく変わってはいないが、活用力や論理力が問われる試験方式（B問題型＝PISA型）については変化が大きく見られると読むことができる。従来の「知識・理解」中心の学習から「思考・判断・

表6-2 TIMSS調査の結果（日本の順位および得点：中学2年生・数学）

実施年	1995年	1999年	2003年	2007年	2011年	2015年
順位	3位	5位	5位	5位	5位	5位
得点	581	579	570	570	570	586

出典）国立教育政策研究所編『TIMSS 2015 算数・数学教育/理科教育の国際比較——国際数学・理科教育動向調査の2015年調査報告書』明石書店，2017, p.13 より作成。

表6-3 PISA調査の結果（日本の順位および得点：15歳児・数学的リテラシー）

実施年	2000年	2003年	2006年	2009年	2012年	2015年
順位	1位	6位	10位	9位	7位	5位
得点	557	534	523	529	536	532

出典）表6-1と同資料から作成。

表現」重視の学習へとニーズが移り変わり、その学力（B問題型＝PISA型）が必要な社会に移行しつつあるのに、その学力を十分につけられていない。旧学力観による教育体制を脱けて、その学力をつけるべき学習の仕組みへの転換が必要となっている。

C 新学力観を柱とする教育改革

　以上に述べてきた「B問題」型の学力はPISAからの直接的な影響も多く見られるが、1990年代からの「生きる力」路線から引き継がれているものでもある。1996（平成8）年の中央教育審議会答申「21世紀を展望した我が国の教育のあり方について」では新学力として「自ら課題を見つけ、自ら学び、自ら考え、主体的に判断し、行動し、よりよく問題を解決する能力」と記されていた。また1998（平成10）年の学習指導要領で導入された「総合的な学習の時間」のねらいについても、ほぼ同様の文面で記されていた。つまり、日本の学力観は、PISA調査の後に大きく転換したのではなく、その構想の同時期に世界共通の学力観として導入が図られていたということになる。

　この「生きる力」が標榜された1990年代から2000年（平成12）前後は、後に「ゆとり教育」として批判的に語られることもある。元々は経験・体験の機会を増やすことにより思考力・判断力の習得を目指す構想ではあったが、授業時間数の縮減や、教育内容の精選・厳選などによって学習量が

減り、その結果が「学力低下」に結びついたと否定的に評価されることが多い。しかし、本章で紹介した国際学力テストの結果から見ると、「ゆとり教育」でもA問題型学力（旧学力）は落ちていないということがわかる。皮肉なことに点数・順位とも下がっていたのはB問題型学力（新学力）であった。あるいは日本でもB問題作問という対応が図られたことにより、近年になってPISA調査の結果もやや上昇してきたとみることもできる。

ただし、おそらく現実的な問題としては「学ぶ」意識の低下や、「学びからの逃走」と言われる「意欲・態度」が大きな障壁となっていると考えることができる。PISA調査の設問は、前述のように長文で、判断力が試される形式になっている。同調査初期においてはこの「B問題」的な設問に「無解答」（解答しない）の率が高かったのが日本の特色として指摘されている。また、学習に関する意識調査においても「勉強の必要性」「数学を学ぶ必要性」などについて海外の生徒たちに比べて低いこと（人生における「学び」の意味に関する低評価）が日本的な特徴と理解されている。理数系の点数が高いにもかかわらず科学への興味・関心・楽しさを感じる生徒の割合が低いということになっている。

ここまで見てきたことをまとめると、「ゆとり教育」「生きる力」路線で、PISA型学力と同様の思考力・判断力等の育成を目指したが、その新学力は上昇するには至っていない。「ゆとり教育」批判として方向性が誤っていたかのように語られるが、その目指す新学力観は国際的なトレンド（傾向）として共有され、認知されるものでもある。それでは、なぜ、これまで日本では「その学力」が十分に育成されるに至っていないのか。それは生徒の学習意欲との結びつけが不足していたためと考えられる。つまり「知識・理解」（旧学力）か「思考力・判断力・表現力」（新学力）かの二択（両極）ではなく、「関心・意欲・態度」につながる「学力」の育成が必要なのだと考えることができる。

新しい学習指導要領における基礎的な「知識・技能」の習得から、その知識や技能を活用して「思考力・判断力・表現力」をつけさせ、「学びに向かう力、人間性等」をつけるという学習目標の設定は、ここにつながってくる。

2　学力観の変容

本節では、近年における学力観の変容について概説する。1節において、「PISA型学力」（PISA調査で計測される学力）が日本の「生きる力」（新学力観）と親和的であることについて見てきた。その学力とは計算能力の高さや漢字書き取りの早さなどといった「知識・理解」の力ではなく、課題の発見や解決のためにさまざまな知識を使う能力「活用」「思考・判断・表現」の力であり、自らの人生を切り開いていく能力とされていた。

A　学習指導要領の変遷

本書の他のページで詳しく説明されているが、本節でも日本の学習指導要領の変遷をふり返ることから始めたい。学習指導要領の発行年と「学力観」に関するポイントを簡略に示すと表6-4のようになる。

表6-4　学習指導要領の変遷

①	1947年	「試案」（手引き）	
②	1951年	（自由研究などを改正）	経験主義教育の一層の推進
③	1958年	系統性（法的拘束力）	基礎学力の向上を目指す教育
④	1968年	調和と統一（現代化）	科学技術革新を目指す教育
⑤	1977年	ゆとりと充実	「ゆとり」「人間性重視」
⑥	1989年	新しい学力観	社会の変化に対応できることを目指す教育
⑦	2002年	ゆとり教育（最低基準）	「生きる力」「自ら学び、自ら考える」
⑧	2011年	言語活動、理数充実	「確かな学力」「生きる力」の一層の充実
⑨	2016年	知識・技能を活用し、学びに向かう人間性	

出典）「学習指導要領」をもとに筆者作成。

番号①②は占領下の教育の特徴として「経験主義的な教育」であったが、それを乗り越えようとする③から「系統主義的な教育」となった。これが1970年代に入り、高度経済成長の時代を終えて、新しい価値観や問題点に対応するために、また国際的な風潮に合わせようとして模索されたのが⑤からの「経験主義的な教育」の復活ともみることができる。しかし2000年代に入り⑦ではすでに「学力低下」批判を受けて「学習指導要領」の内容

は最低基準を示すのであってそれ以上の学習を進めてよいこととされ、学習時間・学習内容の揺り戻しが見られるようになってくる。以上⑧までの展開としては、経験主義的な教育と系統主義的な教育との間を行き来していたとみることができるが、⑨(近年)では「詰め込み教育でもゆとり教育でもなく」という表現で、これまでの学力観の左右の揺れを克服しようという構想を読み取ることができる。

また⑥の「新しい学力観」では小学校1・2年生に「生活科」が導入され、次の改正⑦での「総合的な学習の時間」(小学校3年生以上に導入)につながっていくが「自己教育力」「自己学習力」という「自ら学ぶ力」が強調されるようになった。⑧ではそれ以前の「学力低下」批判を受けて「確かな学力」が提起された。それは「習得→活用→探究」という学習活動において形成されるとされ、それこそが「生きる力」を育成することにつながるとして路線の誤りではないとまとめられた。ここでいう「言語活動の充実」は国語教科のみではなく教科等横断的な視点を含むものであり、近年の「カリキュラム・マネジメントの視点」とも共通する。また、前節で解説したように、この時期にはPISAのB問題で「思考・判断・表現」や「活用」が測れるようになったことと、OECDの学習(キー・コンピテンシー)概念が「生きる力」と相容れるものとして認識されていた。さらには、2007 (平成19)年の学校教育法にすでに「知識・技能」「思考・判断・表現」「学びに向かう力、人間性等」が学力として整理されていたことも挙げられる。

B PISAによる学力の定義（コンピテンシー）

第1節で2つの国際学力テストとしてPISAとTIMSSを挙げ、それぞれB問題・A問題として日本の学力テスト(全国学力・学習状況調査)に対応関係のあることを指摘しておいた。簡単に言えばTIMMSは設問に対して正答が1つという従来の日本の試験方式と一致し、PISAは文脈により複数の答えがあり得て、さらにその解決過程にも注目するというものであった。そして近年求められる学力とは、PISA型の課題発見・解決能力という「思考力・判断力・表現力」が重視されるものとなっていて、習得した知識・技能を実生活においてどのように活用できるのかという点に焦点が当てられたということができる。

PISA で計測されるものは「数学」「科学」（理科）の単純な知識量や計算速度ではない。「読解力」「科学的リテラシー」「数学的リテラシー」という「能力」となっている。PISA2015 年に記された各リテラシーの定義を挙げておく（表6-5）。

　以上に定義されるような能力は、従来は教員の「授業」に魅力を感じることで生徒が意欲や関心を深め、いわば無意図的に育成されるものであった。従来の日本の学校教育においては、おそらく数値化や評価の観点からか、このように「何ができるようになるのか」という視点がカリキュラム上に位置づけられることがなかったのである。

　PISA 調査が OECD 加盟国で重視され、世界中に影響を及ぼすことがどうして可能となったのか。従来の学力観に基づく TIMSS に代わる形で国際的な学力指標となり得たのはなぜか。それは PISA で規定し計測しようとする「コンピテンシー」が支持されているためである。

　PISA の前提としての DeSeCo プロジェクト（Definition and Selection of Competencies「コンピテンシーの定義と選択」）の仕事が大きく貢献している。同プロジェクトは 1997（平成9）年に企画され 1999（平成11）年から実働、2003（平成15）年に最終報告書を出していて PISA 調査に連動している。プロジェクトはまず各国の教育で重視されるコンピテンシーの調査を行う。これはグローバル化される社会で国際的に共通する「鍵となる力」（キー・コンピテンシー）を確定し、その評価と指標の枠組みを開発するためとしていた。おそらく、この精緻な方法が信頼性を集めるもととなった。DeSeCo（デセコ）で定められた具体的なキー・コンピテンシーは3つである。①「相互作用的に道具を活用する」（知識の活用）、②「異質な集団の中で交流する」（社会認識）、③「自立的に活動」（自己認識）であるが、別々に機能するのではなく、各コンピテンシーは他のものの基礎となり、深い関係を持つ。この3つの核心（中心）部分には「思慮深さ」が位置づけられている[3]。これが PISA 型学力でもキー・コンピテンシーとなっている。

　本節では学習指導要領の変遷から、基礎学力重視 VS. 経験重視といった学力観の対立があったことを見てきた。この2つは本来スキルであって、目標ではない。問題はそうしたスキルを使って「どのようなコンピテンシーを育むのか」ということである。このコンピテンシーは、「生きる力」と

いったスローガン的なものではなく、具体的に設定するべきものである。従来は学習内容（教材、単元）が中心となり、「どういう能力を」ということが議論されることはなかった。その「育てるべき能力」が意識され明示されるようになってきたのが、現在の教育改革の最大の特徴と言える。

表 6-5　PISA2015 における各分野の定義

科学的リテラシー

　科学的リテラシーとは、思慮深い市民として、科学的な考えを持ち、科学に関連する諸問題に関与する能力である。科学的リテラシーを身につけた人は、科学やテクノロジーに関する筋の通った議論に自ら進んで携わり、それには以下の能力（コンピテンシー）を必要とする。

- 現象を科学的に説明する：自然やテクノロジーの領域にわたり、現象についての説明を認識し、提案し、評価する。
- 科学的探究を評価して計画する：科学的な調査を説明し、評価し、科学的に問いに取り組む方法を提案する。
- データと証拠を科学的に解釈する：さまざまな表現の中で、データ、主張、論（アーギュメント）を分析し、評価し、適切な科学的結論を導き出す。

読解力

　読解力とは、自らの目標を達成し、自らの知識と可能性を発達させ、社会に参加するために、書かれたテキストを理解し、利用し、熟考し、これに取り組むことである。

数学的リテラシー

　数学的リテラシーとは、さまざまな文脈の中で数学的に定式化し、数学を活用し、解釈する個人の能力である。それには、数学的に推論することや、数学的な概念・手順・事実・ツールを使って事象を記述し、説明し、予測することを含む。この能力は、個人が現実世界において数学が果たす役割を認識したり、建設的で積極的、思慮深い市民に求められる、十分な根拠に基づく判断や意思決定をしたりする助けとなるものである。

出典）OECD 編/国立教育政策研究所訳『PISA2015 年調査——評価の枠組み』明石書店，2016，pp. 20-21．

3 IBと教育方法

A 国際バカロレアとは何か？（グローバル化において希求される学力）

　タイトルにあるIBとはInternational Baccalaureate（国際バカロレア）のことであり、1968（昭和43）年に国際バカロレア機構（International Baccalaureate Organization: IBO）としてスイスに創設された組織による教育プログラムや国際的な大学入学資格のことを指す。教育プログラムとして3歳～12歳を対象とする「プライマリー・イヤーズ・プログラム」（PYP・初等教育）、11歳～16歳対象の「ミドル・イヤーズ・プログラム」（MTP・中等教育）、16歳～19歳対象の「ディプロマ・プログラム」（DP・高等教育）等があり、DPを修め、最終試験で所定の成績を修めると国際的に認められる大学入学資格（国際バカロレア資格）が取得可能となる。

　国際バカロレア機構では「世界の複雑さを理解して、そのことに対処できる生徒を育成」すること、「国際的に通用する大学入学資格」として共通のプログラムを設定し、認定することとしている。単純に言えば「インターナショナルスクール」を対象に、世界中のどこの地域に設置される学校であっても過不足なく十分な教育が保障され、それによって他国へ移動しても同質な教育プログラムを受けられることと、大学入学資格の水準として認められるレベルの学力が保障されることをねらいとしている。具体例としては、日本国内に在住する外国人子弟が、日本の高校ではなく国内にあるインターナショナルスクールに通学し卒業することで、母国の大学への入学資格を得ることなどである。ちなみに日本国内の大学においても、一条校のみならず同プログラムレベルの学校については高校卒業程度という大学受験資格と入学資格を認めるようになってきている。

　以上のように、元々はインターナショナルスクールを中心とする国際的なプログラムであったが、日本においても海外大学への進学希望へ応えるために、また国際化・グローバル化が進む中で「国際社会で通じる人材育成」「世界で通じる学力」とでもいうべき力が求められるようになり、このIBに注目が集まっている。その先駆けとしては、私立学校がいち早く「国際化」への対応を目指して、IBプログラム導入を目指したことに始まる[4]。

もちろん導入が拡大し始める時期においては、学校の特色や入学者の確保策として構想され、イマージョン教育・バイリンガル教育といった語学能力（とくに英語）や海外体験を増やすためのプログラムに注目が集まったのも事実である。しかし、現在では「外国語」習得の手段としてではなく、日本の教育で育成すべき「学力」観を変えるものとして注目されている。

B 文科省が注目するIBプログラム

文部科学省「国際バカロレアの趣旨を踏まえた教育の推進」[5]では、IBを研究して日本の教育の改善に生かすとその意図が示されている。それは従来の日本の教育に問題や限界があったと捉えるところから始まっている。この推進に関する文書は文科省のホームページ上からも確認することができるが、登録された日時は2012（平成24）年9月となっている。当時の政権において新成長戦略の1つとして「グローバル人材の育成」を推進するための会議が2011（平成23）年に設置された[6]。会議では、2004（平成16）年以降の日本人学生が海外留学へ赴く数が減少し、新入社員アンケートでも海外勤務希望者が減っていることを「内向き志向」と危惧し、問題意識として「豊かな語学力・コミュニケーション能力や異文化体験を身につけ、国際的に活躍できる「グローバル人材」」を育成する必要があると述べられている。その最終報告である「審議まとめ」（2012年6月4日）に具体的な促進事項の1つとして「高校卒業時に国際バカロレア資格を取得可能な、又はそれに準じた教育を行う学校を5年以内に200校程度へ増加させる」ことが挙げられていた。

同報告書では「グローバル人材」の概念を整理して、大きく3つの要素に分類している。①「語学・コミュニケーション能力」、②「主体性・積極性、チャレンジ精神、協調性・柔軟性、責任感・使命感」、③「異文化に対する理解と日本人としてのアイデンティティー」である。他にも求められる資質として、「幅広い教養と深い専門性、課題発見・解決能力、チームワークと（異質な者の集団をまとめる）リーダーシップ、公共性・倫理観、メディア・リテラシー等」が挙げられていた。①の「道具」としてのコミュニケーション能力以外にも、②③の意識・意欲・態度、知識・アイデンティティーの面でも、このIBに期待されていたことがわかる。

以上の成長戦略は、政権交代後にも教育再生実行会議において重要課題として引き継がれ、2013（平成25）年には「日本語DP」（IBのDPは原則として英語で行われているが、その一部科目を日本語で実施可能とすることを目指すプログラム）の構築を提言している。そこではIBを導入することの意義が4点挙げられている。①グローバル人材育成の観点。とくに「IBの学習者像」はグローバル化時代における基礎的な教養そのものであり、学習指導要領の目指す「生きる力」の考え方とも合致する（次項Cで解説）。②日本の大学の国際化が促進される。③グローバルな視点を持った人材を育成することで地域社会の活性化に資すること。④初等中等教育（とくに高校）のカリキュラム改革にインパクトを与えること。

　以上のように「英語」（外国語能力）のみならず、「生きる力」（新学力観）へつながる新しい戦略・方向性として意識されるようになった。

C　学習者像と具体的なプログラム内容

　前節Bで触れておいた「国際バカロレア（IB）の学習者像」は表6-6の通りである。

表6-6　国際バカロレア（IB）の学習者像

①探究する人	Inquirer
②知識のある人	Knowledgeable
③考える人	Thinkers
④コミュニケーションができる人	Communicators
⑤信念を持つ人	Principled
⑥心を開く人	Open-minded
⑦思いやりのある人	Caring
⑧挑戦する人	Risk-takers
⑨バランスのとれた人	Balanced
⑩振り返りができる人	Reflective

出典）「国際バカロレア・ディプロマプログラム Theory of Knowledge（TOK）について」2012年8月，p.2より作成。

　これを日本の「学習指導要領が目指す「生きる力」の考え方とも多くの点で合致している」としていた。前節Bで見てきたように、このIB導入

は「日本の教育の改善」をするためであり、初等中等教育（とくに高校）のカリキュラム改革にインパクトを与えることも期待していたのであるから、「生きる力」路線の「新学力観」につながるものとしてみていた。

本節の最後にDPの中核であるTOK（Theory of Knowledge＝論理的思考）について紹介しておく。国際バカロレア・ディプロマプログラムにおける「TOK」に関する調査研究協力者会議の報告書[7]（2012年8月）では、その冒頭で知識基盤社会の到来とグローバル化の進展を挙げ、現代社会においては「自ら課題を発見し解決する力、コミュニケーション能力、物事を多様な観点から考察する力（クリティカル・シンキング）、さまざまな情報を取捨選択できる力」が求められるとして、しかし現状として「知識・技能を実生活の場面に活用する力や読解力等」には課題があり、さらには「学習習慣、学ぶ意欲等」も国際的に見て低い位置にあること。おまけに若者の「内向き志向」が懸念されるとして、それを改善する策としてもグローバル人材育成（IB）プログラムが必要とされていた。ここまでの本章の議論がそのまま繰り返されていることが確認できる。

以上の「課題」としての「習得すべき学力」が、国際バカロレア（IB）のDPで達成可能と考えられているので、日本でもこれを取り入れたいというのが主旨であった。そのDPについてはプログラムの科目を履修するのみではなく、学習方法としては、次のものが特徴とされている（表6-7）。

表6-7　DPにおける学習方法・学習活動

Extended Essay【EE】	課題論文
Theory of Knowledge【TOK】	論理的思考
Creativity・Action・Service【CAS】	創造性（50時間）・活動（50時間）・奉仕（50時間）

出典）「国際バカロレア・ディプロマプログラム Theory of Knowledge（TOK）について」2012年8月, pp.5-6より作成。

「B問題型＝PISA型」学力と同様の「知識・技能の活用」という能動的な学習が目指されている。グローバルな社会において個々の多様性を理解し合いながら、協同して問題を解決していく力の育成が肝要となる。そのためには、探究型学習、プロジェクト学習、協同型学習へと教育方法・学習方法を工夫することが求められるようになっている。

4 フィンランドなどのプロジェクト学習の特徴

A　フィンランドは PISA 型学力の優等生なのか？

　フィンランドは「PISA 型学力」の成功例として評価されることが多い。次の表から、PISA 調査導入以降3回目まで同国が参加国の中でトップに位置し続けたことが読み取れる。本章で学んできたことから言えば、B 問題型テストで好成績をあげ日本や国際社会が目指す学力を同国がいち早く手に入れていたということとなる。一方、2012（平成 24）年以降には順位・点数ともに下降しているように見える（表 6-8）。

表 6-8　OECD：生徒の学習到達度調査（PISA）フィンランドの成績

	フィンランド					
	2000	2003	2006	2009	2012	2015
総合読解力	1 位	1 位	2 位	3 位	6 位	4 位
	546	543	547	536	524	526
数学的リテラシー	4 位	2 位	2 位	6 位	12 位	13 位
	536	544	548	541	519	511
科学的リテラシー	3 位	1 位	1 位	2 位	5 位	5 位
	538	548	563	554	545	531

出典）国立教育政策研究所編「OECD 生徒の学習到達度調査（PISA）」より作成。
http://www.nier.go.jp/kokusai/pisa/index.html（2018 年 8 月 15 日取得）

　フィンランドでは 1970 年代に大学の学位（degree）と学習内容（syllabus）の改革とともに初等教育では国家カリキュラム（学習指導要領）が定められた。しかしこのときすでに「学習者が自分で学んでいく学習プロセスを修得させること」が最重要であるとされていた[8]。1985（昭和 60）年には地方分権化が進み、自治体が教育運営単位となる。1991（平成 3）年には国家教育委員会が設置され、教育内容について教育省（文科省に相当）の一括管理ではなくなった。1992（平成 4）年からの教育法改正では教科書検定が廃止され、授業時数の弾力化という自由化が進められた。

　この自由化に対して 2004（平成 16）年に全国でのカリキュラム統一という修正も見られた。しかし、その自由化の当時にフィンランドは上記の成

績を修めていた。2010年代にさらなる改正が進められ、2016（平成28）年8月の基礎教育改革では「学ぶ喜びを提供し、生徒中心の教育の実現」のためにと、よりアクティブ・ラーニングの度合いを深めることとされている。

B 実践例（課題解決・プロジェクト学習型の授業）

「PISA型学力」と共通点の多いフィンランドにおける実際の授業の事例として、ヘルシンキ近郊にあるヴィヒティ市の総合制学校（小中学校一貫校）の教員であり、中学校では国語の授業を受け持つピリョ・レヴァニエミ（Pirjo Levāniemi）[9]氏の授業を紹介する。筆者は2008（平成20）年、2009（平成21）年、2016（平成28）年に現地で彼女の授業の観察取材を実施した。

総合制学校の小学校課程の授業「国語」（日本での小学校4年生に対応）を紹介する。授業のねらいは、「国語力をつける。情報理解力をつける。情報発信力をつける」というものと説明された。情報リテラシーや経済など社会科で扱う内容も含む、教科横断的な授業にも感じられた。

【導入：3分間】　生徒たちに4人組の小集団を組み、机をつけて座るよう指示する。生徒たちに各家庭から持って来させた雑誌類を広げさせ「広告（宣伝）」のページを1枚ピックアップさせる。次に「30秒間でいくつの広告を探せるか」と発問・指示し、生徒たちは誌面をめくり数えていく。30秒後に各グループ内で集計させ、全体の前でその数を確認する。すると4人で100枚を超えるところも出てくるので、これにより生徒たちは「広告が多い」ということに気づく。広告により雑誌が成立し、広告収入がメディアというものの1つの重要な要素であることに気づく。

【展開：3分間】　次にグループごとに、各人が選んだ広告を提示させて気づいたことを発表するように指示する。同じ形式の授業に慣れているためか、生徒たちは共通点や特色等について意見を出し合い、いくつかの種類や系統分けをしていく。たとえば「人がいる」「老人」「夫婦」「ファッションなら若い女性」「自動車の写真の角度」など、さまざまな意見が出されていく。

【展開：5分間】　続いてグループごとに、各人が気になった広告をいくつかハサミで切り出し、それぞれの相違点を比べさせ、並べ替えたりする作業を行う。ここまでで気づいたことを数人から発言をひろう。これにより、

人により気づきの違いがあることや共通点もあること、何より「広告」というものが読み手に訴えかけようとするメッセージやその「示し方」(構図や要素) に気がつくこととなる。

【展開：25分間】 残りの時間でグループごとに「広告を出す側」になり「売りたいもの」「宣伝したいこと」に関するポスターを作成する作業の時間とする。先ほどまでの読み手として「評価」(批評・考察) する側から「読ませる」側へと転換するが、グループワークや作業に慣れているのだろうが25分間という短い時間でハサミに糊、筆記用具等を使いながら (集団で) 1枚の作品を作り上げていく。

【展開：14分間】 その後はポスターを使って発表する。何を示したいのか、何がターゲット層であるのかなどを語っていく。少人数クラスで3～4班程度であり、全グループが発表し、さらに他のグループの発表について「批判的な言葉は使わない」というルールのもと、建設的でアドバイスも含めたコメントが交わされる。最後に教員がまとめて授業は終了した。

　実践例を紹介したが、もちろん授業とは、クラス、生徒、教師、との関係で成り立つ部分が多くあり、形式そのものを他者が演じてみても同一の展開や結果にはなり得ない。この事例も生徒たちが小集団での学習に慣れているという点が大きい。
　この授業の「ねらい」やコンピテンシーは何であるのか。複数回の取材を行っているが授業観察の後日に (次の) 表6-9を提示して「前回の授業の目標を (教員である筆者は) このように感じ取ったが、それが正しい理解であるか」を確認してみたところ、私の感じた「ねらい」とレヴァニエミ氏の立てたコンピテンシーとはほぼ一致していた。
　レヴァニエミ氏の他の授業も観察したところ、中学レベルでも違うメディア等の教材を使って同様な進み方でのグループ単位による学習が行われていた。教材や生徒個人 (学年も含め) の反応や能力ももちろん異なるが、学習の進み方・構成は共通していた。

表6-9　レヴァニエミ氏の授業におけるコンピテンシー

| 「テキスト（教材・資料）を理解する力」 |
| 「比較考察し並べ替える力」 |
| 「創造する力」 |
| 「協同して解決する力」 |
| 「発信・表現する力」 |

出典）筆者が作成しレヴァニエミ氏に確認したもの。

　ちなみにこういった教育実践については、「国語教育なのに、この進め方とテンポで内容を理解させ学習活動を行えるのか」という批判的意見もあり得る。ここで紹介した授業は「ある目標」に従った授業展開であり、言うまでもなく授業とは「何のために」という「ねらい」を達成するために内容や方法・手段を構成していくものだと記しておきたい。物語・読書、あるいは作文など、それぞれに適した授業を生徒という実態に合わせて構成していくということになる。

コラム　「問う」ことと「答えられる」こと

　日本ではフィンランドの学習方法として「ミクシ miksi?」（なぜ？）と発問するフィンランド語が有名になっている。発問によって「考える力」を養っていると評価されている。しかし実は「セ・オン se on」という言葉がセットになることも多い。この se on とは「それは？（〜である）」「これは？（〜である）」という意味である。つまり答えさせ方、その理由の説明のさせ方がセットになっている。「考える力」の育成方法のヒントはこんなところにもある。

注）
1) 2000年の参加国数は32か国、2015年には72か国・地域から約54万人が参加していた。
2) 「PISA（OECD 生徒の学習到達度調査）2003年調査」。http://www.mext.go.jp/b_menu/toukei/001/04120101.htm（2018年8月15日取得）
3) 国立教育政策研究所内国際成人力研究会編『成人力とは何か——OECD「国際成人力調査」

の背景』明石書店，2012, p. 194.
4) 加藤学園暁秀中学・高等学校（静岡県沼津市）が国内一条校として最初に導入している。
5) 文科省「国際バカロレアの趣旨を踏まえた教育の推進」http://www.mext.go.jp/a_menu/shotou/kyouiku_kenkyu/index.htm（2018年8月13日取得）
6) グローバル人材育成推進会議は2011年5月から2012年6月までに内閣官房長官や国家戦略担当大臣、外務大臣・文科大臣他複数の大臣を委員として開催され、「中間まとめ」と「審議まとめ」が報告されている。
7) 「国際バカロレア・ディプロマプログラム Theory of Knowledge（TOK）について」2012年8月。http://www.mext.go.jp/component/a_menu/education/detail/__icsFiles/afieldfile/2012/09/06/1325261_2.pdf（2018年9月3日取得）
8) Hannele Niemi, "Education of Secondary School Teachers and Research Concerning their Education in Finland", Helsingin yliopiston Kasvatustieteen laitokusen Tutkimuksia" 30, 1985, pp. 67-90.
9) レヴァニエミ氏は1962年生まれ。小学校のクラスティーチャーや副校長を経て、現在は中学校「国語」科教師。教員歴は2017年に25年目を迎えられた。レヴァニエミ氏の授業については拙稿（古賀徹）「「学習論」の変遷とフィンランドの教育実践」『日本大学通信教育部研究紀要』第26号（2013年）でも紹介している。

知識を確認しよう

問題

(1) 近年、日本においてA問題に加えてB問題形式が導入されているが、このような設問により測られる「学力」とはどのようなものか？
(2) グループ学習、探究型学習のメリット、デメリットについて考え、教員がその学習を構成する際の注意点をまとめてみよう。

解答への手がかり

(1) A問題・B問題の出題形式について整理する。学習指導要領に記載される学力観もチェックしておこう。
(2) 自身が指導する際の展開や学習活動のシーンをシミュレートしておくこと。

第7章 日本における総合学習の動向

本章のポイント

　本章は、日本における総合学習の動向について概説した章である。
　まず、総合学習とは何かを考えたうえで、日本における総合学習の歴史を展望する。
　次に、「総合的な学習の時間」の登場とその後について概観するとともに、学習指導要領を手掛かりに総合学習に関連する教育方法／学習方法を整理する。
　さらに、総合学習の実践事例を、小学校、小・中学校、高等学校、に分けて3つ紹介する。
　最後に、教科学習と総合学習の今後について考察する。総合学習の魅力、「学力」と「考える力」の問題、学校ユーザーの視点から見た総合学習と教科学習、これからの教科学習の難しさ、総合学習による「学力」達成の可能性などについて議論する。

1 日本における総合学習の歴史

A 「総合学習」とは何か

「総合学習」という言葉は、少なくとも2つの意味を持っている。1つは、学習指導要領にある「総合的な学習の時間」の省略形としての「総合学習」であり、いま1つは、マイナーながら伝統のある学びのスタイルを意味する「総合学習（integrated study）」である。

つまり、前者は一種の固有名詞、後者は教育学的な概念を表す普通名詞と整理できる。たとえば、「総合的な学習の時間」という時間的枠組みの中で「総合学習」という形態の学びが行われる、ということになる。

普通名詞の「総合学習」においては、教科の枠にとらわれない学びが行われる。具体的には、複数の教科内容を合科的に学習する学びや、教科の枠を超えた学際的なことがらを取り扱う学びが行われるのである。

それでは、なぜそのような学びが行われるのだろうか。

学習という事象をめぐっては、学習内容（学ばれること）と学習者（学ぶ人）が存在する。学習内容が学問である場合それは秩序（学的系統、教科の枠など）を伴っており、他方に、学習者の心理（興味・関心、学ぶ欲求など）が存在する、という構図になる。学習に際して、もし学習者ファーストの立場に立脚するとしたら、すなわち学習者の心理の方を重視するとしたのなら、その結果として、学的系統や教科の枠にとらわれない、学習者の興味・関心をこそ尊重した学びである総合学習が必要になってくるのである。

B 日本総合学習史

日本における総合学習は、過去3回、注目されたことがあった。それは、①大正新教育の時期、②戦後新教育の時期、③学習指導要領に「総合的な学習の時間」が位置づけられた1998（平成10）年以降の時期である。

[1] 大正新教育運動における試み

19世紀末から20世紀初頭にかけて、デューイ（Dewey, J.）に代表される新教育運動が世界的に注目され流行した。これは、児童中心主義という立

場を取り、すなわち教師ではなく子どもこそを教育の主役に据えた学びを推し進める運動であった。大正新教育（大正自由教育ともいう）として日本にも波及したが、その流れの中で総合学習が注目を集めた。

　もっとも、それ以前の明治時代にも総合学習の試みは確認できる。1899（明治32）年、高等師範学校付属小学校訓導であった樋口勘次郎は『統合主義新教授法』を著し、ヘルバルト流の「管理」を批判しつつ子どもの自発的活動を尊重する「活動主義」を唱えた。そして同書において、遠足を中心に総合学習を展開した教育実践を披露している。ちなみに樋口は高等師範学校在学中、新教育運動の旗手の1人であるパーカー（Parker, F. W.）の「中心統合法」を研究していた人物であった。樋口の他にも、総合学習の系譜に位置づけられる明治の人として、棚橋源太郎や牧口常三郎の名前を挙げることができる。

　さて、いよいよ大正新教育の時代であるが、代表的な人物として、いずれもデューイの影響を受けていた、木下竹次と淀川茂重が挙げられる。

　木下は特に有名である。彼は、1919（大正8）年に奈良女子高等師範学校附属小学校に主事——同高等師範学校教授として兼務——として就任した後、1923（大正12）年には『学習原論』を著し、子どもが自ら学ぶ様式を基本にした「合科学習」を提唱・実践して、同校を新教育運動のメッカにした。木下の合科学習は、今日の総合学習の源流とされる。

　年代が若干前後するが、木下と並ぶ存在が長野師範学校附属小学校訓導の淀川である。同校では、1917（大正6）年に「子どものための教育」を追求するため「研究学級」が編成され、淀川はこの「研究学級」を1918（大正7）年から6年間受け持ち、生活体験を重視する総合学習を展開した。ちなみに主事として淀川を指導していた長野師範学校教諭の杉崎瑢は、カリフォルニア大学でデューイやモンテッソーリ（Montessori, M.）の新教育の理論を学んだ人物であった。なお淀川は1925（大正14）年に『研究学級の経過』を著している。

　その他、1907（明治40）年から明石女子師範学校附属小学校主事として子どもの自立性を尊重する分団式動的教育法を唱えて活躍した及川平治、1917年に成城小学校を創立した大正新教育の中心人物・澤柳政太郎なども、総合学習の系譜に位置づけられる。両者もまたデューイの影響下にあっ

た。

[2] 1947年の学習指導要領

　戦時中、軍国主義教育のもとで、教師の戦意高揚を目指す指導により、戦地におもむき命を散らした若者は少なくない。一部の教師をそのように仕向けた文部省の罪深さには計り知れないものがある。占領軍は、内務省とともに文部省を解体する考えも持っていた。このような情勢の中、文部省は反省もあり、文部省主導で教育のイニシアチブを学校現場に預けることになり、戦後新教育と呼ばれる時代が始まる。

　1947（昭和22）年に「教科課程をどんなふうにして生かして行くかを教師自身が自分で研究して行く手びき」として、戦後初めての学習指導要領が示された。その『学習指導要領　一般編（試案）』の「第四章　学習指導の一般」の「一、学習指導は何を目ざすか」には次のように記されていた。

> ……学習の指導を適切にするには、……第一に答えなくてはならないのは、……まず「学ぶのは児童だ」ということ……教師中心の考え方は、この際すっかり捨ててしまわなければなるまい。
> 　次に、第二に答えなくてはならないのは、児童や青年をそういうふうに学ばせて行くには、かれらがほんとうに学んでいく道すじに従って、学習の指導をしなくてはならないということである。……
> 　……ほんとうの学習は、すらすら学ぶことのできるように、こしらえあげた事を記憶するようなことからは生まれて来ない。……ほんとうの知識、ほんとうの技能は、児童や青年が自分でたてた目的から出た要求を満足させようとする活動からでなければ、できて来ないということを知って、そこから指導法を工夫しなくてはならないのである。

　当時の学習指導要領に示されたこのような考え方、すなわち各教科の系統よりも学習者である子どもの心理を優先させる指導スタンスは、言うまでもなく総合学習にフィットするものである。その他にも、日本を占領していたアメリカで、当時、デューイの教育思想が主流となっていたなどの理由も認められるが、ともあれ敗戦後しばらくは、他ならぬ文部省によっ

て総合学習が推進されるような空気が醸成されていた。

[3] 戦後新教育における試み

　戦後新教育における代表的な総合学習の試みとしては、「コア・カリキュラム」が挙げられる。これは、生活上の問題を解決する学びを中核＝コアに設定して、その周辺に知識の学びを配置する教育課程のことであり、またそのような学びのことである。

　この他、埼玉県川口市や広島県本郷町（現三原市）をはじめとする各地で立案・実施された、当該地域編成の教育課程に基づく「地域教育計画」も、総合学習の枠組みを持つ教育実践の試みであった。

　また、敗戦後の教育改革によって「社会科」が新設されたのであるが、そもそも、この「社会科」それ自体が、教科であるにもかかわらず総合学習の性格を帯びていたと指摘できる。

> 社会科はいわゆる学問の系統によらず、青少年の現実生活の問題を中心として、青少年の社会的経験を広め、また深めようとするものである。したがってそれは、従来の教科の寄せ集めや総合ではない。……社会科は、学校・家庭その他の校外にまでも及ぶ、青少年に対する教育活動の中核として生まれて来た、新しい教科なのである。

　1947年に示された『学習指導要領社会科編（Ⅰ）（試案）』の「第一章　序論」の「第一節　社会科とは」には、以上のような記述があった。

　戦後新教育は、学習指導要領が初めて改訂された1951（昭和26）年の少し後まで推進されていたが、いわゆる逆コース──戦後民主主義の後退──における文部省の態度変更によって退潮していった。総合学習もこれに伴って、またその他のさまざまな理由──基礎学力の低下をもたらすという批判が生じたり、日本がその政治的傘下に入ったアメリカで系統学習（2節のB参照）が主流になったり、経済成長を迎えつつあった産業界において能力観が知識重視に転換したりなど──もあり、次第に下火になっていった。

[4] 学習指導要領の告示化から「生活科」の誕生まで

　本項の [2] で述べたように、戦後初めて示された学習指導要領はあくまでも〝教師が研究するための手びき〟という位置づけであり、強制力を有するものではなかった。そしてその後の 1951 年の改訂によっても、この性格が変わることはなかった。

　しかしながら、1958（昭和 33）年の改訂において大きな変化が生じる。1955（昭和 30 年）に学習指導要領から「（試案）」の文字が外されたのに続けて、今度それは法的拘束力を持つ「告示」となったのである。学校現場は、学習指導要領という法的基準によって外部からのコントロールを受けるようになり、教育のイニシアチブを再び文部省に握られる形になった。またこの改訂においては、内容面でも「教育の生活化」から「教育の系統化」へというシフトがあり、総合学習は成立しにくくなった。さらに 1968～1970（昭和 43～45）年に改訂された学習指導要領は、当時真っ盛りであった高度経済成長に対応して「教育の科学化（現代化カリキュラム）」を志向しており、総合学習はますます低調になる。

　だが、このような系統化―科学化の流れは、「詰め込み教育」や「落ちこぼれ」や「受験戦争」などの教育病理現象を引き起こしたとされ、1977～1978（昭和 52～53）年の学習指導要領改訂では「教育の人間化」が図られた。授業時間と授業内容の削減によって、ゆとり教育が始まったのである。学校裁量の時間（ゆとりの時間）が設けられ、この時間が総合学習に使われることもあった。また小学校学習指導要領の「第 1 章　総則」には「なお、低学年においては、合科的な指導が十分できるようにすること」との記述があり、1989（平成元）年の学習指導要領改訂による生活科の誕生につながっていく。生活科は教科であるが、社会科と理科の合科科目であり、総合学習の枠組みを持つ。ちなみに「新しい学力観」、すなわち自ら学ぶ意欲や思考力、判断力、表現力などの資質や能力の育成を重視する学力観が唱えられたのも、この 1989 年の改訂に伴ってのことであった[1]。

2 「総合的な学習の時間」の登場と教育方法

A 「総合的な学習の時間」の新設とその後
[1]「総合的な学習の時間」の新設まで

「総合的な学習の時間」は、1996（平成8）年7月19日に示された第15期中央教育審議会第一次答申「21世紀を展望した我が国の教育の在り方について」でその新設が提言された。この答申は、「生きる力」が唱えられたものでもあるが、方向性において1977〜1978年の学習指導要領改訂で導入されたゆとり教育を継承していた。また、「総合的な学習の時間」の新設の提言のベースには、キャッチアップ型の近代化（欧米諸国に追いつくことを目指した近代化）の終焉という時代認識があるが、これは1980年代の臨時教育審議会から引き継いだものである。

この答申に基づいて、さらに1998年7月29日に教育課程審議会最終答申「幼稚園、小学校、中学校、高等学校、盲学校、聾学校及び養護学校の教育課程の基準の改善について」が示され、「総合的な学習の時間」の新設が現実化する。小学校、中学校については1998年12月告示の、また高等学校については1999（平成11）年3月告示の学習指導要領でそれぞれ基準が示され、いよいよ学校現場で実施されることとなった。実施可能な学校は2000（平成12）年からいち早く実施してもよいとされ、小学校、中学校では2002（平成14）年度から全面実施、高等学校では2003（平成15）年から学年進行で実施されていった。

[2]「総合的な学習の時間」新設のロジック

「総合的な学習の時間」は教育政策の一環として、上から教育現場に降ろされたものである。現場においては唐突感が否めなかったとも言われる。

それでは、「総合的な学習の時間」は、なぜ新設されたのか――ここで、行政のロジックを確認しておこう。大枠は次のようである。

①時代が進みキャッチアップ型の近代化は終わりを迎え、つまり日本は新しい国家ステージに達した。②学校教育においても新しい教育方法／学習方法が必要である。③すなわち、知識注入による暗記型の学力形成から、

主体的に考え判断する能力育成への転換が必要である。④そのような学習の場としての「総合的な学習の時間」を設けるべきである。

[3] 新設「総合的な学習の時間」のその後

　1998年の学習指導要領改訂によって鳴り物入りで始まったとき、「総合的な学習の時間」の授業時数は、小学校3〜6年の各学年で105、中学校は学年によって多少違ったものの70〜130（1年：70〜100／2年：70〜105／3年：70〜130）であった。それが、次の2008（平成20）年の改訂で、小学校は全学年70、中学校では1年は50へ、2年・3年では70へと削減され、今回の改訂でも削減はされたままとなっている。

　1998年〜1999年の学習指導要領改訂は、「学力低下論争」とか「ゆとり論争」などと呼ばれる議論を巻き起こした。これは、学校教育における授業内容の大幅な——約3割と言われた——削減の是非をめぐる論争であった。教科教育の量的減少や、学習者主体で体験重視の「総合的な学習の時間」の新設には、学力低下の懸念があると批判され、その結果、2008年〜2009（平成20〜21）年の改訂では「総合的な学習の時間」の授業時数が削減されることになったと言われる。

　学校にもよるが、実際の「総合的な学習の時間」が行事の準備にあてられるなどの形骸化を招いている、という実態も散見される。

B 「総合的な学習の時間」における教育方法／学習指導

　ここで、1998年12月告示の中学校学習指導要領における「総合的な学習の時間」についての記述を手掛かりに、総合学習に関連する教育方法／学習方法を整理しておこう。その「第1章　総則」の「第4　総合的な学習の時間の取扱い」には、次のように、この時間の学び方に関する記述がある。

> 5　総合的な学習の時間の学習活動を行うに当たっては、次の事項に配慮するものとする。
> 　（1）自然体験やボランティア活動などの社会体験、観察・実験、見学や調査、発表や討論、ものづくりや生産活動など体験的な学習、問題解決

> 的な学習を積極的に取り入れること。
> (2) グループ学習や異年齢集団による学習などの多様な学習形態、地域の人々の協力も得つつ全教師が一体となって指導に当たるなどの指導体制、地域の教材や学習環境の積極的な活用などについて工夫すること。

　文部省は、「総合的な学習の時間」に関して、以上のように「体験的な学習、問題解決的な学習」を推奨していた。これは、教育学的な概念で考えれば、「経験学習」や、その一類型に位置づけられることもある「問題解決学習」が該当する。また、「グループ学習や異年齢集団による学習」という文言からは、「プロジェクト学習」も想起される。その一方で、「系統学習」が排除されているという指摘もできる。

　それぞれを簡単に説明しておこう。

　経験学習とは、学習者の生活経験を素材に、その興味・関心を重視しつつ主体的な学びを展開する学習方法である。一般に「為すことによって学ぶ（learning by doing）」をスローガンとしている。

　問題解決学習とは、知識や経験の再構成を通じて特定の問題の解決を目指しつつ、同時に知識や経験の深化・発展を図る学習方法である。

　プロジェクト学習とは、学習者がチームを作り、自分たちで設定した課題を協働によって解決（作品制作なども含めて）していく学習方法である。一般に、"Project Based Learning"（PBL学習）の訳である。

　一方、系統学習とは、科学的知識や技術・芸術についてその体系に即して系統的に習得させることを重視した、注入伝達型の教育方法である。

3　総合学習の実践事例（小中高校）

A　和光小学校の総合学習「ヒロシマ」および「沖縄」

　和光小学校では、1970年代に「低学年総合」と「総合学習『ヒロシマ』」という名称の総合学習が始まった。ここでは後者に焦点を当てる。

「総合学習『ヒロシマ』」は修学旅行の改善に関わって育まれたものである。1960年代は観光的色彩の強い修学旅行を行っていた和光小学校であったが、1974（昭和49）年に「連れていってもらう修学旅行」から「自分たちで作り出す修学旅行」への転換が志向されるようになる。1975（昭和50）年は、社会科や国語の授業で扱った教材と関わりのある広島、倉敷、姫路城などを訪れた。翌1976（昭和51）年は、田中正造について学び公害問題へと学習を発展させたうえで谷中村におもむき、足尾銅山跡などを訪ねた。こうして、「修学旅行」から「学習旅行」へとその質を変容させていったのであった。

1977（昭和52）年、いよいよ「総合学習『ヒロシマ』」が始まる。5年生の国語で「一つの花」や「川とノリオ」を読み、他方で漫画『はだしのゲン』などにも触れる。6年生になると、「十五年戦争」の授業を受けたり、「父母（祖父母）の戦争体験」の聞き取りをして文集を作ったり、特別授業として「原爆の科学や投下までの経緯」や「原爆の医学」などのレクチャーを受けたり、被爆者の話を聞いたりしたうえで、広島への修学旅行＝学習旅行へと進む。そして現地では、平和資料館での学習の他、被爆者老人養護ホームや平和公園での聞き取りといった活動を行うのである。

「総合学習『ヒロシマ』」は、1987（昭和62）年から「総合学習『沖縄』」になった。この総合学習のテーマは言うまでもなく「平和」であるが、経済成長に伴う都市化の波が広島から戦争の爪痕を消し去りつつあるなどの理由から、子どもたちが体験的に「平和」を学ぶフィールドを広島以外に求めることになったのである。沖縄は、島全体に戦争の傷跡がいまだに生々しく残され、戦争に関する証言も豊富に得られそうであった。

「総合学習『沖縄』」は、5年生の12月に、6年生による「沖縄を伝える会」から始まる。6年生になると、教師から、沖縄の歴史・文化、暮らし・自然などに関わる基本的な内容の授業を受け、そのうえで、子どもたち自身の興味・関心に基づく学習によって沖縄にアプローチする。この一方で、歴史学習や基地学習などの一斉授業も行われ、また、横田や横須賀などの基地見学にも出かけてインタビュー活動をすることもある。こういった学校での学習を経て10月末に沖縄を訪ね、体験学習――ひめゆり学徒隊や白梅学徒隊、でいご学徒隊の方々から証言を聞いたり、沖縄史料編纂室で

歴史を学んだり——を行うのである。

戦後新教育の時期に、「コア・カリキュラム」という総合学習の試みがあったことを記した（1節のBの[3]参照）が、これは1948（昭和23）年に結成されたコア・カリキュラム連盟という戦後最初の民間教育研究団体にバックアップされており、和光小学校は1950（昭和25）年からその実験学校であった。そもそも和光小学校は、成城小学校における大正新教育の伝統を守ろうとする父母・教師が中心となって創設されている。「大正」と「戦後」の2つの「新教育」に積極的に取り組んだ、要するに学習者の心理＝子どもの興味・関心を尊重する校風の学校であり、今もその伝統が引き継がれている[2]。

B　千葉県佐倉市立小・中学校の「佐倉学」

千葉県佐倉市は、2003（平成15）年4月から「佐倉学」を提唱している。これは、次のように説明されるものである。

> 佐倉市には印旛沼などの恵まれた自然と原始・古代からの歴史、城下町として培われた文武両面にわたる文化があり、そして、好学進取の精神に富み優れた業績を残した先覚者がいます。このような佐倉の自然、歴史、文化、ゆかりの人物について学び、将来に生かすことが佐倉学です。

佐倉市では、この佐倉学を学校教育と社会教育に取り入れている。学校教育に佐倉学を取り入れる方針（ねらい）として、佐倉市教育委員会は「佐倉学をとおして、学ぶことの大切さを理解するとともに、郷土佐倉への愛着を育み、社会に貢献できる人材を育成する」こと、「特に佐倉の歴史、先覚者の生き方をとおして、学ぶことの大切さと新しいものに積極的に挑戦しようとする『好学進取』の気風を育てる」ことを挙げている。

実際の内容としては、「市内の小学校では、平成16年度から佐倉学を教育課程に位置づけて、社会科や総合的な学習の時間などで取り組み、中学校でも佐倉の先覚者に焦点をあてた授業を積極的に行っています」としている。その一環として、市のホームページにおいて「佐倉学実践事例集」を示し、一種の学習指導案である「指導モデル案」をPDFファイルにして

一般公開している。公開されている指導モデル案は、小学校6年生および中学校1～3年生のものに限られているものの、サンプルは20種類以上におよび、科目等も総合的な学習の時間を中心に、社会科、国語科、美術科、音楽科にわたっている。

各学校のデザインによる総合学習が一般的である中、千葉県佐倉市における佐倉学を用いた総合学習は、地域をあげて、地域という単位によって取り組みが試みられている点で注目される。また、地域学という切り口から見た場合、それが教育に適用されるとしても、社会教育／生涯学習の分野で用いられているのが一般的であるのに対して、佐倉学が学校教育に位置づけられている点が特筆に値する[3]。

C 福岡県立城南高等学校の「ドリカムプラン」

福岡県立城南高校では、「ドリカムプラン(以下、ドリカム)」と呼ばれる総合学習を中心としたキャリア教育が行われている。これは、生徒自身が自分をよく知り(自己理解)、社会の中で自分をよりよく生かす道を体験を通して検証し(自己啓発)、実現に向かってひたむきに努力する(自己実現)、その「自分探しの旅」を支援する組織的・体系的プログラムのことである。換言すれば、生徒自身が自らの在り方・生き方を考え、体験学習を重ねて、興味・関心・進路希望などをもとに具体的な進路設計を作り上げ、自己実現を目指す生徒の主体的・総合的な〝進路学習〟である。

ドリカムは1994(平成6)年度の第1学年を対象として試みが始まり、次年度以降も引き継がれ、現在に至っている。出発は、近隣私立高校の学校改革によって受験生を奪われるのではないかという危機意識を持った教員たちのふり返りであった。その際、「この偏差値が合うからここを受験してはどうか」と勧めていた進路指導が焦点化され、生徒自身に具体的志望動機を確立させるためのさまざまな活動をさせよう、ということになったのである。

出発当時のドリカムを見てみよう。生徒たちは、クラス、部活動に次いで「ドリカムグループ」という進路志望別の集団に属する。これによって生徒たちは3タイプの支援者――すなわち、クラス担任、部活動顧問に加えて、ドリカム顧問という支援者を得、このドリカム顧問によって3年間

を通した進路指導を受けられるようになる。また、各自のドリカム活動を記録した「ドリカムノート」という進路カルテによって、学級担任への進路関係の申し送りが円滑に行われるようにもなっている。

生徒は入学後、まずドリカム課題作文「10年後、20年後の私」を書き、ドリカムグループを選択し、さらに諸大学のシラバスを調べてレポート「私の聞いてみたい講義」をまとめる。2年生では、オープンキャンパスに参加したり、職場・職業体験や実習・見学などを行う。そして3年生で、これまで培ってきた職業観をもとに自己実現可能な学部学科の検討と最終的な選択を行うのである。これらの活動は、生徒たちに、教室での教科学習が自分の将来に貢献することを自覚させ、受験勉強に価値を見いださせる作用があり、つまりモチベーターとして進学実績にも好影響を与えている。

一方、教員側にも「のれんわけ」という工夫がある。これは、ドリカムの指導に直接関わった教師を、次年度の第1学年主任に任命することによって、ドリカム理念の浸透を図る仕組みである。

以上は、触れたように、草創期のドリカムである。実はドリカムは毎年モデルチェンジをしている。しかしながら、「生徒自身の主体的な進路学習」という本質を持っている。

ドリカムは続行中である。「ドリカムブック」の活用による「総合的な学習の時間（ドリカムプラン）」を核とした、社会人講演会、地域探究講座、高大ジョイントセミナーなどが、現在の具体的プログラムである[4]。

4　総合学習と教科学習の今後

A　総合学習の今後――教師を魅了する総合学習

2節のAの[3]で見たように、現在、固有名詞の「総合的な学習の時間」の教育実践は盛んであるとは言えない。とはいえ、普通名詞の総合学習が消えてなくなってしまったのではない。何より私たちはこの事実を忘れるべきではない。日本における普通名詞の総合学習は、全体としては低調であるものの消滅したわけではなく、今も自覚的な学校あるいは教師による

ユニークな取り組みがチャレンジングに続けられている。

総合学習は、樋口勘次郎が『統合主義新教授法』を著した1899年から起算すれば、既に1世紀以上の、それ自体が歴史と言ってよい年月を刻んできた。今後も、途絶えることなくさまざまな形で試みられ、時としてトレンドを形成する、と考えるのが妥当である。

それでは、なぜ総合学習は試みられ続けるのか。確かに、行政主導で学校現場に持ち込まれた時代もあった。だが、それだけではないだろう。

本章の冒頭で述べたように、総合学習とは、教科の枠にとらわれない学びであり、具体的には複数の教科内容を合科的に学習したり、教科の枠を超えた学際的なことがらについて取り扱ったりする学びのことである。そういうスタイルの学びが求められる要因は、学習者の心理（興味・関心など）こそを学びの原点に置こう、優先事項にしようという考え方にあった。

この考え方は魅力的である——学校における主人公を子どもと考える良心的な教師たちにとっては特に。それゆえ、総合学習はあらゆる時代において一定の教師を魅了し、総合学習を目指す動きが絶えないのである。

B 「学力≠考える力」という問題

学習者の心理に基づいて、またそれに従って進められる総合学習においては、さまざまな学習的活動が発生する。学習者がその興味・関心を満たそうとすれば、調べたり、聞いたり、質問したり、体験したり、体験を分かち合ったり、話し合ったり、わかったことを伝えようと発表したり……という活動が展開されるからである。

このことを通じて、子どもたちは、何種類かの——あるいは何種類もの——知をめぐる獲得の仕方・方法をも学んでいる。つまり、総合学習とは、学び方を学ぶ学習でもあるのである。

このような中身を持つ総合学習を通じて育まれるのは、「考える力」である。それは、1989年の学習指導要領改訂を機に示された「新しい学力観（自ら学ぶ意欲や思考力、判断力、表現力などの資質や能力の育成を重視する学力観）」（1節のBの[4]参照）に重なるものである。

ただし、この「考える力」は、いわゆる「学力」とは違う。いわゆる「学力」は知識の量を問うものである（あるいはここで便宜的に「学力」は知識の量を

問うものとしておく)。これに対して、「考える力」は知識の質やそれを使いこなす能力に関わるものである。

C 庶民から敬遠される総合学習、期待される教科学習

なぜか不思議と論点化されていないことがある。それは、学校教育のユーザーが、「学力」と「考える力」のどちらを求めているのか、という点である。それを庶民に限れば、実は「考える力」は庶民の多数派が「今、ここで」あるいは「現在まさに」学校に求めているものではない。現実には、中学・高校生は上級学校の偏差値を意識せずにいられないし、大学生になっても学歴フィルターの存在に神経質にならざるを得ない。と言うか、学歴フィルターがあるので偏差値が高い大学に入りたいし、そのために偏差値の高い高校 (や中学) に入りたいというスパイラルがある。もちろん、上級学校へ進学しない生徒も少なくないが、同様の力学は作用している。

つまり、多数派庶民が学校や教師に期待し求め (続け) ているのは、「考える力」ではなく、目先の上級学校の入試に役立つ知識注入による暗記型の「学力」なのである。

固有名詞の「総合的な学習の時間」は、「学力低下論争／ゆとり論争」によって削減されたとされる (2節のAの [3] 参照) が、それだけでなく、多数派庶民のリアリティからは不要だったので削減されても話題にならなかった、とも捉えておく必要がある。少なからぬ学校で生じている「総合的な学習の時間」の形骸化が社会的にほとんど問題にならなかったということは、このことの傍証と言える。

多数派庶民は「学力」を求めている。教科学習に対する従来通りの期待は――少なくとも今しばらくは――変わらないだろう。

D 教科学習の今後――庶民の期待と教師の困難

今回の学習指導要領の改訂では、教科学習におけるアクティブ・ラーニング (主体的・対話的で深い学び) の導入が提唱されている。アクティブ・ラーニングは国際的なトレンドであり、それを行政主導で教科学習に取り入れたことは間違いない。

アクティブ・ラーニングの導入が目指しているのは、従来の知識注入型

の学習指導からの脱却である。また、知識注入による暗記型の「学力」観からの本格的な転換である。

ただし、それは「お上」である文部科学省（以下、文科省）が理念的に考えた青写真である。一方には、多数派庶民が相変わらず入学試験に役立つ「学力」を求めている、というリアリズムが存在する。

アクティブ・ラーニングは、むしろ総合学習にフィットする学び方である。その意味で、〈総合学習的な学び方〉と言える。日本の学校では、これから、〈総合学習的な学び方〉によって教科学習を行うことになる。

文科省は、今回はトータルな教育改革を行うのであって、アクティブ・ラーニングも取り入れるし、大学入試も変えると言っている。逆に言えば、「新しい学力観」を──平成の初めに──唱えながら大学入試はずっと変えてこなかったということになる。本当に大学入試が変わる保証はない。知識の量を判断基準にした試験の方が結果に対する不公平感は生じにくいから、「学力」を問う入試が続く可能性は十分にある。

もし大学入試が変わらないとすれば、教師たちのリアルは、これから未経験の困難に送り届けられることになるだろう。それは、〈総合学習的な学び方〉であるアクティブ・ラーニングを用いて、「学力」を──「考える力」ではなく──高めなければならない、そういう授業を展開しなければ多数派庶民からの批判を浴びる、という困難である。

E　総合学習による「学力」達成は可能か

2000年9月にオープンした、合衆国カリフォルニア州サンディエゴのHigh Tech Highという高校は示唆的である。この学校には、教科別の時間割、教科書、定期試験がなく、どのような授業を行うかは各教師に任されている。生徒たちは、総合学習の一種であるプロジェクト学習（2節のB参照）をメインに学習活動を展開し、学期末──ちなみにHigh Tech Highは2学期制である──の展示会に向けて、作品の制作を行う。これがHigh Tech Highで主に展開されている学びである。

チャータースクール（公設民営学校）である、授業料無料のHigh Tech Highの生徒は抽選で選ばれており、半数が低所得層の生徒である。かつ、前述のように定期試験がないにもかかわらず、州の標準テストで平均を上

回っており、大学進学率は100%に近い。要するに、High Tech Highは、総合学習による「学力」達成、という難問をクリアしているのだ。

High Tech Highにおける学びをドキュメンタリー映画『Most Likely To Succeed』としてプロデュースしたディンタースミス（Dintersmith, T.）は、この理由について「生徒たちはやっていることが面白いから、早いスピードで学んでいくのです。先生にたくさんの質問を投げかけ、楽しいから学びも深くなり、そこで得た知識も保持できる。試験のための勉強をしなくても、テストの点数が上がります」と解説している[5]。

考えてみると、実は日本でも、不登校児の居場所系フリースクール出身者の中に、学校（一条校）における系統学習（2節のB参照）を経験することなく、もっぱら総合学習によって高偏差値の大学入学を果たした者が認められる。彼らに起こっていたことは、High Tech Highの生徒たちに起きているのと同様のことだったのかもしれない。

総合学習による「学力」達成は不可能ではない。恐らく、アクティブ・ラーニングによる「学力」達成も不可能なことではないのだろう。

だが、日本の学校教育が伝統的に行政監督体制のもとにあることを忘れてはならない。すなわち、High Tech Highにも不登校児の居場所系フリースクールにも、検定教科書の使用義務とか教科別の授業時数を定めた表などといった官僚的統制装置はないのである。この点が決定的に違う。文科省は、〈総合学習的な学び方〉であるアクティブ・ラーニングを教科学習に導入するのであれば、それと同時に思い切った裁量権（自由）を教師に与えるべきではなかったか——本章は疑問をもって終わらざるを得ない。

注）

1) 本項の論述に関して次の文献を参照した。中村恵子「日本における総合・合科的学習——第二次世界大戦以前と以後の学習活動を対比して」『現代社会文化研究』第34巻, 2005；綿引光友「総合学習の歴史と展望」『ねざす』通巻第28号, 神奈川県高等学校教育会館教育研究所, 2001.

2) 本項の論述に関して次の文献を参照した。和光学園教育実践シリーズ出版委員会編『総合学習「ヒロシマ」——和光小学校の実践』明治図書, 1984；丸木政臣・行田稔彦編『和光小学校の総合学習「沖縄」——私たちの沖縄体験』民衆社, 1990；行田稔彦・平野正美編『和光小学校の総合学習　いのち・平和・障害を考える』民衆社, 2000；行田稔彦・古川武雄編『和

光小学校の総合学習　たべる・生きる・性を学ぶ』民衆社，2000；和光小学校・和光鶴川小学校「沖縄に学ぶフォーラム 2006」委員会編/丸木政臣・行田稔彦監修『沖縄に学ぶ子どもたち』大月書店，2006.
3) 本項の論述に関して以下のウェブサイトを参照した。
佐倉市教育委員会社会教育課「佐倉学とは」佐倉市公式ウェブサイト
http://www.city.sakura.lg.jp/0000003046.html（2018 年 8 月 27 日取得）
佐倉市教育委員会指導課「佐倉学実践事例集」佐倉市公式ウェブサイト
http://www.city.sakura.lg.jp/0000004187.html（2018 年 8 月 27 日取得）
4) 本項の論述に関して以下の文献およびウェブサイトを参照した。
福岡県立城南高校編／中留武昭監修『生徒主体の進路学習ドリカムプラン──福岡県立城南高校の試み』学事出版，2002.
福岡県立城南高等学校「ドリカムプラン」福岡県立城南高等学校ホームページ
http://jonan.fku.ed.jp/one_html3/pub/default.aspx?c_id=69（2018 年 8 月 27 日取得）
5) 山脇岳志「グローバル教育考──米教育界の論客が映画で見せた『これからの教育』」朝日新聞社ウェブサイト
https://globe.asahi.com/article/11689607（2018 年 8 月 27 日取得）

知識を確認しよう

問題
(1) 心に残っている「総合的な学習の時間」の授業を思い出し、ショートレポートにまとめてみよう。またその授業が、経験学習、問題解決学習、プロジェクト学習、それ以外のいずれのタイプだったのか考えてみよう。
(2) 総合学習が育む知的能力について、あらためて言語化してみよう。

解答への手がかり
(1) 総合学習が学習者の心理に基づく学びであるという大枠を踏まえたうえで、どのようなバリエーションがあり得るか考えてみる。
(2) 総合学習で子どもたちが行う活動を分析的に考え、それらを総合するとどのような知的能力として結晶化するのか、という道筋で考える。

第8章 ICTと学習材の活用

本章のポイント

　日本の教育は、現在大きな過渡期にある。変化の原動力の1つにスマートフォンなどに関わる情報通信技術の急激な発達がある。これらの技術は既に私たちの日常生活の一部となった感があるが、学校への導入は予算、研修、ルール作りなどが後手に回り、ようやく始まったばかりである。

　本章ではまず、情報通信技術発達の経緯を概括し、デジタル化および個別化と双方向化という情報社会の特徴を検討する。次に、そうした技術が学校にもたらした変化をふり返り、小学校と中学校・高等学校における先進的な実践を報告する。最後に、さらなる発達が予想される中、教員に新しく対応が求められる課題を取り上げ、情報時代の教員に求められる資質・能力を問う。

1　情報環境の急激な変動

「詳しくはWebで」。テレビには自社サイトへのアクセスをうながすCMがあふれている。中高生に将来なりたいものを尋ねるとYouTuberが上位に入る[1]。現代社会はインターネットに接続されていることが前提となっているかに思えるが、日本でインターネットが一般に認知されるようになったのは1990年代半ば以降のことである。技術革新の速さから、法的な整備などが追いついておらず、現在ではさまざまな問題も取りざたされている。それゆえ、教員はインターネットや情報通信機器などに関する技術（以下、まとめて「ICT：Information and Communication Technology」という）の現在にいたる歴史的経緯を踏まえた上で教育に関わることが求められている。

A　第3の波

米国の未来学者トフラー（Toffler, A.）によると、人類は過去に農業革命[2]、産業革命という大きな時代の転換点、すなわちパラダイムシフトを経験してきた。さらに、私たちは20世紀後半に始まったコンピュータの発達と普及がもたらす情報革命の最中に生きているという。彼はパラダイムシフトが社会に与える影響を波のうねりに例え、情報革命を第3の波と呼んでいる[3]。その真偽はさらに時代を下らないとわからないが、私たちの社会

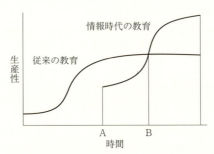

ライゲルースとカノップ（2018）を元に筆者が作成。

図8-1　教育におけるパラダイムシフトのイメージ

が大きく変わろうとしていることは確かである。その変化が行き着く先は不透明だが、①個別化と双方向化およびそれを支える②ビッグデータの収集と活用の方向に進んでいる。

ライゲルース（Reigeluth, C.）とカノップ（Karnopp, J.）は、従来の教育には改善できる余地が少なくなっている中、情報化時代に対応した新しい教育が始まり（図8-1のA地点）、やがて急速に発展して（B地点）従来の教育を凌駕する時期が訪れると述べている[4]。

B 個別化と双方向化

表8-1は19世紀末以降の情報通信機器および関連サービスの歴史をま

表8-1 情報通信手段の発達

年	できごと
1876（明治 9）	米国のグラハム・ベルが電話を発明
1890（明治 23）	東京・横浜間で電話が開通
1920（大正 9）	米国でラジオ放送開始
1925（大正 14）	日本でラジオ放送開始
1935（昭和 10）	ドイツでテレビの定時放送開始
1953（昭和 28）	日本でテレビの本放送開始
1960（昭和 35）	日本でテレビのカラー放送開始
1978（昭和 53）	東芝が日本語ワープロ専用機を発売開始
1979（昭和 54）	ソニーがウォークマンを発売開始
1982（昭和 57）	インターネットの概念が提唱
1987（昭和 62）	NTTが初の本格的携帯電話サービス開始
1995（平成 7）	Windows95が発売「インターネット元年」
1996（平成 8）	Yahoo! JAPANがサービス開始
1998（平成 10）	Google, Inc. が正式に設立
1999（平成 11）	NTTがi-modeサービス開始
2001（平成 13）	NTTやソフトバンクがADSL事業開始
2004（平成 16）	Facebookが創業
2006（平成 18）	Twitterとニコニコ動画がサービス開始
2007（平成 19）	初代iPhoneが発表
2008（平成 20）	音楽ストリーミングSpotifyがサービス開始
2011（平成 23）	日本でテレビ地上波が完全デジタル化 NHN JapanがLINEサービス開始

とめたものである。従来は家族が集まる居間に1台だけ存在してきたラジオやテレビが徐々に寝室や子ども部屋などにも置かれるようになったが、1979（昭和54）年のウォークマンは個別化の流れの象徴である。それでも個室で観るテレビ番組やウォークマンで聴く音楽は、放送局や大手レコード会社から大衆に向けて一方向に下りてくるものだった。しかし、1995（平成7）年にWindows95が発売されてインターネットが普及したことにより、ニコニコ動画のように番組画面の中に視聴者がコメントをリアルタイムで投稿できる双方向メディアが可能となり、双方向化が加速した。FacebookやTwitterなどのSNSもこの時期に誕生している。

個々に発明された電話、ラジオ、テレビ、カメラ、音楽プレーヤ、インターネットなどの機能が徐々に標準化、デジタル化され、現在の携帯電話やスマートフォン1台で利用できるようになったことは、いわゆるデジタルネイティブ世代[5]以前の人々には驚くべきことである。

C ビッグデータ

1995年は日本のインターネット元年と呼ばれているが、しばらくの間はダイアルアップ方式と呼ばれる間欠接続だった。21世紀初頭にADSLが普及し始め、常時接続時代が幕を開けた。

常時接続が可能になったことで、現代はIoT（Internet of Things：モノのインターネット）の時代に突入したと言われている。たとえば通信機能を搭載したICタグを野菜に貼りつけて出荷することで、末端の消費者が生産者をたどれるようになっている。また、独居老人が使うお湯のポットに搭載されたセンサーが使用頻度を感知し、離れて暮らす家族にメール送信することで安否情報を伝えるサービスが提供されている。

このように世の中のあらゆるものが情報を持つことで、その総体は膨大な量のデータ、すなわちビッグデータを形成することになる。たとえばAmazon.comでは蓄積された顧客のビッグデータを用いることで、個人に最適化されたお薦め商品を提案し、さらなる需要を掘り出すことに成功している。最新のAI（Artificial Intelligence：人工知能）はビッグデータを用いて自ら法則を見出すことができるが、このように人間を介さない学習は深層学習（ディープラーニング）と呼ばれる。AIの発達が近い将来、人間の仕事

を奪うのではないかという懸念[6]の声が高まっている。

また、SNSは個人が意見や嗜好を簡単に表明したり、情報を拡散することを可能にするため、大企業からの巨額献金が得られなければ勝てないと言われてきた米国の大統領選挙運動のあり方にまで影響を与えているという[7]。

2 ICTが学校に与える影響

学校と言えば、黒板に正対するように机が並べられた教室で、教員が話す内容を学習者がノートに写すという一方通行のコミュニケーションの場を連想する人は多いだろう。しかし、このような状態もICTの普及により少しずつ変化を遂げている。

その変化の特徴は、ICTを使わないという選択肢の減少である。筆者は1990年代中盤に勤務していた学校で、国家プロジェクト[8]のインターネットサーバを「もし邪魔にならない場所があれば設置しても良い」とぞんざいに指示された経験がある。当時ICTは特定の教員だけが使うものと認識されていたことを示す逸話である。

一方、現在では、たとえば東京都教育委員会はスマートスクール構想[9]の一環として都立高等学校にWi-Fi（無線LAN）設備を導入し、生徒が個人所有するスマートフォンを使って授業を行うことを検討している。多くの都立学校が携帯電話の持ち込みさえ禁止してきたことを考えると、大規模な方向転換である。技術の発達により、機器を使うための設定自体はほとんど手間なくできるようになっている。ここで教員に求められるのは、教科や個人的な関心にかかわらず、ICTを授業の適切な場面で効果的に使える資質・能力である。すなわち、単なる機器の操作方法を超えて、教員の専門性の中で学習者たちが情報の真贋を見分け、情報の受け手を意識した情報発信ができるよう、実践的に指導することが求められるようになる。

学校現場にICTがどのような経緯で導入され、普及してきたかを以下にまとめておく。

A　職員室業務のデジタル化

　まず、ほぼすべての教員に関わる業務である保護者への案内や授業で使う各種プリントの作成は概ねデジタル化されている。古くは鉄筆を使ってガリ版を切ったり、パンライター（図8-2）で活字を拾う必要があった。これらは基本的に修正不可であるために、文書の作成には相当の労力が必要だった。その後、1980年前後に日本語ワードプロセッサ専用機が登場し、徐々に文書がデジタル化されるようになった。これにより文書の編集や再利用が可能となったが、各社が異なる保存形式を取っていたため、メーカーを超えての互換性は期待できなかった。現在では教科書本文や付随する教材の多くが汎用のデジタルデータ形式で提供されており、教員はそれを加工して用いることができるようになっている。昨今、スマートフォンの普及で、パーソナルコンピュータ（以下、「PC」という）のキーボード操作ができない若者が増えているという。教員には必須のスキルなので学生のうちから練習しておきたい。

出典）東京電気通信大学ウェブサイト
図8-2　パンライター（和文タイプライター）

　次にデジタル化されたのは、成績などに関する情報である。表計算ソフトのワークシートに簡単な計算式を入れておけば、たとえばテストの点数を入力するだけで合計点や平均点などが自動で計算でき、さらには出席番号順や得点順などに並べかえることが容易にできる。そろばんや電卓で計算していた頃とは雲泥の差である。

B 授業展開のデジタル化

　従来、日本の教員は知識の伝達者として板書の研究に励んできた。中には大量の情報を伝達するために授業が始まる前から板書を始める教員がいたり、教室の四方の壁に黒板を設置する学校もある。先進的な教員の中には自費でプロジェクタを購入し、PCの画面を黒板代わりに映写する者も出てきた。そのような教員が、生徒の関心を引くためにスライドを用いてクイズ形式を取り入れたり、画像や音声を取り込んだり、さらにはインターネット上の情報を用いたりして、徐々に授業がマルチメディア化していった。

　しかし、このような自作教材は基本的に一方向に進むものであり、学習者の反応を見て臨機応変に対応することは難しい。近年普及し始めた電子黒板やデジタル教科書を利用すれば、さらに柔軟な対応も可能である。

C 子どもたちだけの世界

　ICTは学校に新たな課題をもたらしている。その最たるものは、インターネット上に出現した子どもたちだけの世界である。2008（平成20）年に文部科学省が実施した調査[10]では、うわさや誹謗中傷などが集まる「学校裏サイト」の類は38,260件を数えていた。しかし、学校などがサイバーパトロールを実施し始めると、サイトにパスワードをかけたり、大人が得意としない携帯電話経由でしかアクセスできないようにして手口が巧妙化していった。このように、大人も対応しようとするものの、子どもたちの方が次々に新しい技術を習得していくのである。

　現在、裏サイトが話題に上ることはほとんどなくなったが、むしろ問題はますます見えなくなっている。それは子どもたちがスマートフォンを使ってSNS上でやりとりをするようになったからで、いわゆるLINE外しなど小さな集団の中でめまぐるしく人間関係が変わっていくのである。さらには保護者同士もSNS上で同様な問題を起こすケースが増えつつある。SNS上のやり取りは学校の埒外であるはずだが、元となる集団が学校にあるため教員に対応が求められてしまう。教員が介入するならそのための条件整備が急務である。

　現在取りうる対策としては、教室内でのリアルな人間関係を充実させる

ことやインターネット上での好ましいふるまい、いわゆるネチケットやネットリテラシーについて早い段階から継続的に指導すること[11]が挙げられる。

3 効果的な活用の事例

ここではICTを用いて従来からの学びをより豊かにしたり、新しい学びを模索する事例を小学校と中学校・高等学校に分けてそれぞれ2件ずつ紹介する。

A 小学校
[1] 朝のスピーチタイム

実践校：北関東の市立K小学校
学年：第6学年
児童数：22名
機材等：iPad、ロイロノート

K小学校では、2016(平成28)年度より全校で朝のスピーチタイムを設けており、日直の児童が輪番制で毎朝発表する。2016年度に6年生の担任だったU教諭は、1人1台貸与されているiPadを使うことを課した。iPadの内容は教室の大型モニタに映すことができる。聞き手の児童は、発表後に関連する質問をすることが求められた。実施時期ごとのテーマを表8-2に示す。

U教諭は児童の成長をふり返り、その過程を①勘違い期、②独りよがり期、③聞き手へのプレッシャー期、④ジェスチャー導入期、⑤発表者の資料工夫＆聞き手の質問＋助言の本格実施期、⑥主張の見える化期に分類している。当初、児童たちはiPadが操作できれば良いスピーチができると勘違いし、聞き手の関心を考慮していなかった。独りよがり期が過ぎたのを見て、U教諭は6月頃からは時折発表のテーマを選択制とした。すると発表の内容が直前までわからないため、聞き手は発表後に的確な質問がで

表8-2　朝のスピーチタイムのテーマ

月	テーマ	備考
5	自分の好きな食べもの	全員共通
5-6	自分の宝物	全員共通
6	運動会の思い出/ 陸上記録会の思い出	選択
7	未来の日本はどうなっているか/ あったらいいな！　こんな道具/ もしも魔法が使えたら…	選択
9	夏休みの思い出	全員共通
10-12	自分が落ち着く場所/将来の夢/その他	くじ引き
1	冬休みの思い出/3学期に頑張ること	選択
2	これからの自分	全員共通
2-3	自由（ただし、各自で調査した数値を示すことが条件）	

きるよう、スピーチに集中するようになった。その後、徐々にジェスチャーを使ったり、資料を効果的に用いるようになった。その背景には児童同士で助言し合えるようになってきたことがある。最終的には無駄なスライド資料をなくし、自分の主張をまとめることでさらに質問を引き出す工夫ができるようになった。

　U教諭はこの活動を通して、児童の自己開示が進み、自己肯定感も高まったと感じている。

[2] ビデオ電話Skypeを用いた交流授業

実践校：南関東の私立T小学校および北関東の市立H小学校
学年：第5学年
児童数：36名×2クラス（T小学校）
　　　　21名×2クラス（H小学校）
機材等：PC、プロジェクタ、スピーカ、Webカメラ、Skype

　私立T小学校は大都市にあり、児童は毎日弁当を持参する。一方、公立のH小学校はいわゆる海なし県の都市近郊に位置し、昼食には地域で採れた食材を使った給食が提供される。両校の第5学年の担当者が同じ研究会に属していたことがきっかけとなり、社会科の地理的分野の単元「我が

国の農業や水産業について」においてそれぞれの学校の特徴を生かした交流授業が計画された。すなわち、海なし県のH小学校に対しては、T小学校が校外学習で訪れた三崎漁港について伝え、給食のないT小学校には、H小学校が農作物の地産地消について伝えるのである。両校は合計3回Skypeによる交流を行った（表8-3）。

表8-3　T小学校とH小学校の交流

月	テーマ
7	両校の紹介　●T小学校はビデオレターの放映 ●H小学校はクイズショー
10	T小学校の児童が三崎漁港を見学
11	T小学校の児童がH小学校の児童に漁港の見学を報告
12	H小学校の児童がT小学校の児童に農産物の地産地消について報告

　ここで重要なのは、両者が技術的につながることではなく、交流の中身やその方法である。実際、児童たちは事前事後の授業を通して必要な知識に習熟しているし、両校の紹介の段階では、相手側が飽きないようにテンポ良く編集されたビデオレターや聞き手の参加を促すクイズショーを用いている。さらに、T小学校の児童たちがニュースショー[12]の技法を用いて漁港での学びをわかりやすく伝えたことに刺激を受けて、H小学校側も自分たちの番には同じ手法を用いて地産地消の実際を紹介した。

　最後に、T小学校の教諭が打ち合わせのため事前にH小学校を訪れたり、教育委員会と折衝していること、およびインターネットの接続状況を入念に確認していることを指摘しておく。

B　中学校・高等学校
[1] iPadを用いた英語の発音指導

実践校：南関東の私立A中学校高等学校
学年：高等学校第2学年
児童数：5名
機材等：iPad、マイク、Decibel Meter 他

本実践は筆者が勤務校において行ったものである。現在、文部科学省は大学入試において英語の4技能を総合的に測ることを目指している。そこで筆者は自由選択の夏期講習において「発音クリニック」という5日間の講座を開講し、その一部で iPad を使う活動を取り入れた。

　期間中毎日、受講者は体ほぐしと発音の一斉練習をした後、2つのグループに分かれて iPad の Decibel Meter というアプリケーションを利用して各自の声量を確認した（図 8-3）。

図 8-3　iPad に英語を吹き込む様子

　日本人が英語を話せないと言われる理由の1つは、恥ずかしさなどによる声の小ささだと筆者は感じているからである。実際、iPad はグループに1台ずつしかないため、自分の番が来ると他に聞かれないよう空き教室に移動する受講生が続出した。しかし、現在では1人1台の iPad に自分の声を吹き込む業者テストが問題なく実施できている。このことから、恥ずかしさを乗り越え、自信を与える環境づくりが教員の重要な任務であると言える。

　発音指導のアプリケーションも日進月歩である。当時利用したものは、生徒が吹き込んだ英語とモデル音声を比較のためにグラフ化することしかできなかった。現在では発音を評価したり、改善方法を個別に示すものも登場している。

[2] Google Classroomとブログを用いた連絡方法

実践校：南関東の私立 A 中学校高等学校
学年：高等学校第 1 学年
児童数：7 名
機材等：PC または iPad など、Google Classroom

　Google の学校向けサービスの 1 つに Google Classroom という教育用 SNS[13]があり（図 8-4）、筆者の勤務校では 2016（平成 28）年度から利用している。これを使うと課題の提示や回収、簡単なクイズ、文書の共同編集などがインターネット上でできるようになる。

図 8-4　Google Classroom のホーム画面

　筆者は、10 週間のターム留学に参加する高校生用の Classroom を作成し、日本から留学先の生徒全員に必要な連絡をするのに使っている。ここに生徒の個人情報を掲載することは学校として認めていないので、生徒からの報告は保護者と関係教員以外には非公開のブログに書き込むことで対応している。このブログは、簡易 e ポートフォリオ（p.135 参照）として帰国後の報告書を作成する際に活用されている。

　他の教員は、Google Classroom を授業やクラブ活動の連絡や生徒会のデ

ータ保管庫として活用している。

コラム　ライブに人が集まるわけ

　ある調査[14]によると、2018（平成30）年上半期ライブ動員数で第1位になったアーティストは、17公演で85万人以上の観客を集めた。インターネットで類似した動画を見ることができることが多いにもかかわらず、なぜ人々はライブ会場に足を運ぶのだろうか。指揮者の佐渡裕は音楽のだいご味を指して、「その本質は、別々の所、時に生まれ、違う考え方をしている人に、一緒に生きていることを感じさせることにあるのだ」(2017〔平成29〕年8月29日「朝日新聞デジタル」[15])と述べている。この意味においてライブに勝るものはないだろう。

図8-5　KP法を用いた授業の一場面

　これは授業にも当てはまる。自宅で教科書や動画の授業を見れば知識を得ることは可能であるが、多くの人は授業のライブ感に駆られて学びを進めるのである。時にはPCで整形された学習材を用いるより、KP法[16]（紙芝居プレゼンテーション法、図8-5）などのアナログなものを使った方がライブ感を醸成することもある。ICTが進んできたからこそデジタルとアナログを適切に組み合わせる力が教員には求められている。

4 学習材の広がりと今後の対応

「2 ICT が学校に与える影響」では、主に従来から行われてきた教育活動が ICT の発達によりデジタル化されている様子を紹介した。最後に、ICT が可能にする斬新な学習材の広がりとそれに伴う対応について述べる。

A 個別化・双方向化のさらなる進展

従来、教科書は学習指導要領の内容をすべての学習者に担保するために閉じているという点で静的な学習材であった。その教科書に AR（Augmented Reality：拡張現実）技術を取り入れることで、動的な要素を加えることができるようになった。ある高等学校用美術の教科書では、図版にデジタル端末をかざすとその作品に関連した動画や視角を変えられるパノラマ写真などが表示されるようになっている。以前から教科書を教えるのではなく、教科書で教えるのが好ましいとされてきたが、AR 技術はそれに一役買うことになるのかもしれない。

また、ICT は大学入試などのテストの概念すらも変えようとしている。基本的に、従来は集団でテストを受ける場合は公平性や手間の観点から同一の問題を解くのが当然とされてきた。いきおいテストは中位を弁別することが主目的となり、極端に上位あるいは下位に位置する受験生にとっては得るものが少なくなってしまうという欠点があった。しかし、ビッグデータに基づく巨大な問題のデータベースを持つ CBT（Computer-Based Testing：コンピュータを利用した試験）では、受験生個人が利用する PC やデジタル端末を通してその受験生に応じた難易度の問題が出題される[17]。個別化ここに極まれりの感がある。

B プログラミング教育の導入

筆者は大学生だった 1990（平成 2）年頃、コンピュータの講義を履修した。指導教員は大講義室に集まった学生たちに紙の教科書を開けるように指示し、紙に印刷されたキーボードを渡してきた。目の前にディスプレイがあ

るつもりで教科書に書かれたプログラムを入力しろというのである。時代は進み、2020年度から実施される小学校の新学習指導要領はプログラミング教育をその目玉の1つとしている[18]。

　自身がその訓練を受けていない教員からは、プログラミングを教えることについて不安の声が上がっている。確かに、実用的なプログラムを組むためには、Javaなどのプログラミング言語を習得する必要がある[19]が、小学校でプログラミング教育を行う意味は何であろうか。

　それは、プログラミング的思考能力の育成である。すべてのプログラミング言語の基本は、用語の定義と順次処理、分岐、繰り返しであり、目的を達成するためにこれらは組み合わせて用いられる。たとえば、歯磨きであれば歯ブラシに歯磨き粉をつけて磨き、終わったら口をゆすぐという順次処理の中で、一箇所を何回繰り返し磨くか、どのように磨き終わりを判断するかなどを必要なだけ詳細に記述していくことになる。このような作業は、従来から行われてきた言語活動の充実の延長線上にあると言える。

C　主体的な学びの支援

　文部科学省は、ほぼ1回の筆記試験だけで合否が決まる現在の大学入試を打破し、受験生が高等学校3年間で経験してきた主体的な学びの履歴、すなわち「学びのポートフォリオ」を判定に使うよう各大学に要請している。ポートフォリオは元々画家や建築家が自分の業績を示すために作品をまとめたものを指したが、これを一般の大学入試にも使おうというのである。

　しかし、3年分の学習や諸活動の記録を紙媒体などで残すのは現実的ではない。インターネット上で情報を管理するeポートフォリオ[20]が開発され、状況は大きく進展した。現在はまだ検証事業の途中であるが、その課外活動欄には①探求活動、②生徒会・委員会、③学校行事、④部活動、⑤学校以外の活動、⑥留学・海外研修、⑦表彰・顕彰、⑧資格・検定の8項目があり、活動記録や取得した資格などを生徒自身が入力するようになっている。大学は志願者からeポートフォリオを閲覧する許可を得ることで、判定資料の一部として使うことができる。

　eポートフォリオの所有者は生徒であるため、その内容を担保する方法

や改ざん防止策などについてさらなる検討が必要となる。それでも、多くの大学がこの検証事業に参加していることから、近い将来導入されると予想される。なお、米国には The Common Application[21]というさらに発展的なシステムがあるので、日本の大学入試の将来像を考えるうえで参考になる。

5 むすび

　これまで見てきたように、ICT が社会全体に与える影響は極めて大きく、今後学習に対する考え方がさらに変わっていくことが予想できる。学びの個別化が進む中、同年齢の学習者が同一内容を学ぶ学年制も変わる可能性さえ出てきた。文部科学省は 2018（平成 30）年 6 月、Society 5.0[22]時代の人材育成の観点から「公正に個別最適化された学びの実現」を含む議論のまとめを公開し、時間軸に基づいた教育課程進行の柔軟な運用を伺わせた。

　同時期に、経済産業省は「未来の教室」と EdTech 研究会による今後の教育方向性について第 1 次提言を発表した。具体策は今後の検討となっているが、文部科学省より大胆な提案をする見込みである。監督官庁でない省庁から関与を受けること自体が、私たちがパラダイムシフトの時代を生きていることを示している。

　将来の子どもたちがどのような教育を受けるか予断は許さないが、教員という職業がある限り、教員には生身の身体を持つ人間として学習者と ICT の良き仲介者であり続けてもらいたい。

注）

　　ネット検索によるデータの取得日は、いずれも 2018 年 8 月 19 日。
1) ソニー生命保険株式会社「中高生が思い描く将来についての意識調査 2017」
　http://www.sonylife.co.jp/company/news/29/nr_170425.html
2) ここでの農業革命は、紀元前 8,000 年頃の定住化を指す。農耕技術の発達がこれを可能にした。
3) トフラー，A. 著/鈴木健次ほか訳『第三の波』日本放送出版協会，1980.

4) ライゲルース，C. & カノップ，J. 著/稲垣忠ほか訳『情報時代の学校をデザインする——学習者中心の教育に変える6つのアイデア』北大路書房，2018.
5) ICTが普及した環境で育った世代のこと。概ね1990年代後半生まれを指す。
6) 2045年までにAIがすべての点において人間の知能を上回ると言われている。この転換点をシンギュラリティという。
7) 第44代大統領オバマ（Obama, B.）は、個人がSNSを通じて1ドルから献金できる仕組みを構築し、6億ドルの資金を得た（Ayako Jacobsson「バラック・オバマを大統領に導いたインターネット戦略とは」https://toyokeizai.net/articles/-/2394）。また、第45代大統領トランプ（Trump, D.）は選挙運動中にFacebookの個人情報を不正に入手して利用したと言われている（五十嵐大介「5千万人分のFB情報不正取得か」https://www.asahi.com/articles/ASL3N4TS5L3NUHBI01R.html）。
8) 一般財団法人コンピュータ教育推進センター（現一般社団法人日本教育情報化振興会）「100校プロジェクト」http://www.cec.or.jp/net/cd95/welcome.html
9) 東京都教育委員会「平成30年度教育庁主要施策」
http://www.metro.tokyo.jp/tosei/hodohappyo/press/2018/02/22/documents/18_03_000.pdf
10) 文部科学省「青少年が利用する学校非公式サイト（匿名掲示板）等に関する調査について」
http://www.mext.go.jp/b_menu/houdou/20/04/08041805/001.htm
11) たとえば日本教育情報化振興会「ネット社会の歩き方」http://www2.japet.or.jp/net-walk/を参照。
12) 獲得型教育研究会（代表：渡部淳・日本大学教授）が提案する学びの技法の1つ。テレビのニュース番組のように、アナウンサー、レポーター、目撃者、専門家などの役割を設定し、ある事象について多角的な視点を端的に示す。
13) 正確にはLMS（Learning Management System：学習管理システム）である。
14) Live fans「2018年上半期ライブ観客動員ランキング！」
http://www.livefans.jp/matome/34529/page:4
15) 朝日新聞デジタル「てんでんこ：音楽の力6　音楽は無力だ…」
16) 川嶋直が提唱するプレゼンテーション技法。A4用紙にキーワードを書いたものをホワイトボードに貼りながらプレゼンテーションを行う。
17) このような試験方法は、IR理論（項目応答理論：Item Response Theory）に基づいている。
18) 学習指導要領とは直接関係ないが、大学入試センター試験の後継とされる大学入試共通テストでは情報関係の科目の導入が検討されている。
19) 児童にも親しみやすいプログラミング言語としてScratchがある。慣れてきたら、超小型のコンピュータを制御するRaspberry Pi（ラズベリーパイ）やRubyなどを試すのも良い。
20) 代表的なものにJapan e-portfolioがある。https://jep.jp/
21) https://www.commonapp.org/
22) 狩猟社会（Society 1.0）、農耕社会（Society 2.0）、工業社会（Society 3.0）、情報社会（Society 4.0）に続く新たな社会のこと。

知識を確認しよう

問題
(1) ICTを使って実りある授業を行うためには、どのような配慮が必要か。さまざまな視点から検討せよ。
(2) 現在の割合でICTが発展し続けた場合、30年後の学校はどのようになっていると考えられるか。

解答への手がかり
(1) パラダイムシフトの概念やビデオ電話を用いた交流授業の担当者の授業外の行動を参考にする。
(2) かつての寺子屋や学習塾などの他の教育機関と比較して考える。

第9章 アクティビティの活用と指導技術の変容

本章のポイント

　この章では最初に、授業改革のキーワードとして注目されている「アクティブ・ラーニング」の目指すものは何かを押さえたい。続いて、このような学習者中心の授業を作るために研究開発されてきた学習理論のいくつかを紹介する。
　そして、これらの学習理論の中で形成された、学習のツール（道具）としてのアクティビティのカテゴリー、機能、特徴などについて説明する。アクティビティの活用は学習者主体の授業をつくるために必要であり、アクティブ・ラーニングを実現するための道筋を知ることでもあることを理解したい。
　最後に、「新しい学び」を支える教師の資質、指導技術について考えていく。

1 学び方改革の動き

A 「アクティブ・ラーニング」の目指すもの

　本書第1章、第5章および第6章で、1990年代に世界的な「学習の転換」が起こったことが述べられた。今「学び」のイメージが大きく変わりつつある。日本において2010年前後から、新しい学びを表現する言葉として注目されているのが「アクティブ・ラーニング」とか「主体的・対話的で深い学び」という言葉である[1]。（以下、「アクティブ・ラーニング」と表現する）その目指すところは次の3点にまとめられる。

　1点目は、授業を教師中心の学びから、学習者主体の学びへ比重を移すべきだという点だ。聞くだけの受動的な授業から、学習者が調べ、話し合い、書き、発表するなど能動的に関わるような授業への転換が目指されている（teachingからlearningへ）。

　2点目は、個人のみで終始する学習だけでなく、共同的な学習を積極的に作り出すべきだという点だ。学習者同士の協力や、教え合い・学び合いの教育効果を重視する立場である。

　3点目の主張は、「浅い」学びにとどまらず、「深い」学びを実現しようとする動きだ。これは学習者が活発に活動さえしていれば、それだけで満足している浅い学びの授業（活動があって学びがない＝「行き過ぎた活動主義」）ではなく、学習の質を大切にすべきだという考えである。

B アクティブ・ラーニングに先行するさまざまな試み[2]

　アクティブ・ラーニングという言葉が大きく取り上げられる以前から、アクティブ・ラーニングに当たる学習者主体の学びを追求する努力が行われていた。その主なものを紹介する。

　1つ目は、「グローバル教育」「開発教育」などの分野の研究だ。これらの分野の研究は1990年代から国際化の波とともに、海外の成果が紹介される中で始まった。学習場面にアクティビティが使用され、アクティビティの持つ教育的可能性が注目された。

　2つ目は、ディベートである。話し方技法の1つとも言えるディベート

は、1990年代に大いに注目されブームになった。ディベートによって自分の意見を主張する力、主体的に考える力の育成が期待された。このブームは、学習技法に対する関心を高めるきっかけになった。

3つ目は、「協同学習理論」の流れである。これも元々は海外から紹介された理論だ。協同学習は小集団を活用した教育方法で、生徒が共に課題に取り組むことによって、自分の学びと互いの学びを最大限に高めようとするものだ。

4つ目は、ドラマワーク研究の動きである。2000年代に入り、イギリスのドラマ教育専門家が次々に来日。これを機にドラマワークへの関心が一気に高まった。ドラマワークとは、劇を作るのが目的ではなく、学び合いの手段として演劇的な技法を教育の場にとり入れようとする試みである。この流れを代表するのが「獲得型学習理論」である。

これらの教育理論は、共通してその教育ツールとしてアクティビティを重視している。では、アクティビティとは何か。次項では、主に協同学習理論と獲得型学習理論を中心に、アクティビティについて考えていく。

2 アクティビティの定義とカテゴリー

A アクティビティとは何か
[1] アクティビティの定義

渡部淳によるアクティビティの定義は次のようなものだ。アクティビティとは「さまざまなゲーム、ディスカッション／ディベート、ドラマワークなど、学習者が主体となって取り組む諸活動の総称」[3]である。

[2] アクティビティの機能

教授・学習のプロセスは、〈目標—内容—方法—評価〉という構成要素から成り立っている[4]。これらはお互いに密接に関連している。たとえば、「目標」だけがアクティブ・ラーニング型で「方法」は旧来型の授業ということはあり得ない。

たとえば「主体的・対話的で深い学び」を実現したいとき、目標がそうであっても、従来型の教授・学習方法ではそれを実現することはできない。このような目標を実現するための具体的な手段は何か。それはアクティビティである。

では、アクティビティには、どのような種類があり、どう使われるのだろうか。

B アクティビティのカテゴリー
[1] 協同学習におけるアクティビティのカテゴリー
(1) 協同学習とは

協同学習理論は長い歴史を持ち、さまざまな流れを含んでいる。これらをまとめて定義したジョンソン、ジョンソン & ホルベック（Johnson, D. W. & Johnson, R. T. & Houlbec, E. J.）によれば、協同学習とは「自分自身と他の学友たちの学びを最大限にするために、小グループを使って一緒に勉強させる学習指導法のこと」である、としている[5]。

(2) 協同学習のカテゴリー

協同学習のアクティビティのカテゴリーはどのようなものか。協同学習のアクティビティブックを見ると、アクティビティは次のように配列されている[6]。（カッコ内は筆者が記入）

①価値としての協同（協同の雰囲気を作るアクティビティ）。
②メンバーの多様性を生かしたグループ作り（グルーピングのアクティビティ）
③互恵的な支え合い関係（互恵的関係作りのアクティビティ）
④個人の責任（グループの中の個人の責任を促進するアクティビティ）
⑤同時進行の相互交流（自分の考えを表現するアクティビティ）
⑥平等な参加（学習者の平等な参加を確保するアクティビティ）
⑦協調の技能（他のメンバーと協調していく力を育てるアクティビティ）
⑧グループの自律性（学習者自身やグループが教師から自立していく力を育てるアクティビティ）
⑨協同学習における評価（評価のアクティビティ）

この配列を見だけでも、いくつかの特色が見て取れる。

第1に、グループ内の「協同の雰囲気」を作ることが、学習を促進する

うえで大事だという点。また、多様性を持ったグループ編成が大切だという点にも注目したい。

第2に、互恵的な支え合い関係が協同学習の基本的な概念であること。

第3に、学習集団の中の個人の責任を強調している点にも特徴がある。他のメンバーの学習成果に「ただ乗り」することを防ぎ、全員が責任を果たすことを強調する。

第4に、個人が自分の意見を表現できるスキル、他のメンバーと協調して学習するスキルを育てることを意識している点。

第5に、最終的には、グループや個人が教師から自立していくことを目指している点。

以上、見てわかるように協同学習理論では、多様な学習者が小グループの中で、お互いの責任・協調などの能力を伸ばしつつ、学習スキルを身につけていくことを目標としている。この成長を促すツールとして、さまざまなアクティビティが用意されている。

[2] 獲得型学習理論におけるアクティビティのカテゴリー
(1) 獲得型学習理論とは

次の4つが獲得型学習理論の主な主張である。

第1に、伝統的な知識・理解を中心とした静的な学びを、心も体も使って学習する「全身的な学び」に作り変えることが必要である。

第2に、個人による知識のためこみ学習でなく、学びを、「共同的な学び」に作り替えることが必要である。

第3に、以上のような学びを可能にするのはアクティビティであり、さまざまな学習の局面でその学習に合ったアクティビティを使うことによって、多彩で効果的な学習が可能になる。

第4に、このような学習の最終目的は自立的学習者＝自律的市民の育成である。

(2) 獲得型学習のカテゴリー

獲得型学習理論では、さまざまなアクティビティを学習機能に応じて4つのカテゴリーに分類し位置づけている（図9-1参照）。その意義は何か。

第1は、さまざまなアクティビティをその機能に応じて分類した点であ

る。従来、アクティビティは個々バラバラに捉えられがちだった。しかし学習のさまざまな場面には、それに合ったアクティビティの使用が必要である。この学習モデルを念頭に置くことで、授業者が、性格の違ったさまざまなアクティビティを的確に使用できるようになることを目指している。

　第2は、カテゴリー相互の関連を明らかにしている点だ。中心にあるのがリサーチワークであり、学習者に"学び方を学ばせる"活動だ。その周辺にプレゼンテーション技法、ディスカッション／ディベート技法、そしてドラマワークが取り囲む。それぞれのカテゴリーの関係は相互につながり支え合う関係だ。そして全体を緩く囲むのがウォーミングアップ技法である。

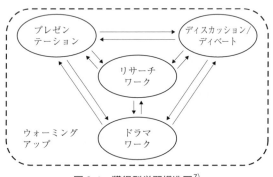

図9-1　獲得型学習構造図[7]

(3) 獲得型学習の各カテゴリーの特徴
①ウォーミングアップ
　ウォーミングアップは、その名前から活動の最初に行うように思われがちだが、学習過程のどこで行ってもよい活動だ。それは、まず、学習集団の雰囲気を和らげてくれる。そして孤立した人間関係を解きほぐし、結び付けてくれる。また、学習者の相互理解を促進する。最後に、それは学習集団の「潤滑油」になるだけでなく、同時に学習集団にエネルギーを与える「燃料」にもなる活動である。
②リサーチワーク
　リサーチワークは他の3つのカテゴリーの中心にあって、他のカテゴリ

ーの基礎になるものである。リサーチワークの特長は、まず、学習に事実性・客観性を与えてくれる。そして、学習者に自分の思考の枠組みを作るきっかけを与えてくれる。最後に、情報収集の方法、それらを分析する力、そして情報を更新する能力を育ててくれるものだ。

③ディスカッション／ディベート

　その特長はまず、自分の意見や感想を論理的に相手に伝える能力を育ててくれる。次に、他の人の意見を聞いたり自分の意見を言うことで、自分の考えを修正したり、考えの幅を広げる働きがある。さらに、集団の中で話し合うことで、自分の意見を主張しつつ集団の合意を形成する力や方法を学ぶことができる。

④プレゼンテーション

　プレゼンテーションは、自分の考えや調査・研究した結果を他の人に伝える技法である。その特長は、まず、プレゼンテーションを行うことで、自分の疑問や考えを整理し、調べ、まとめるきっかけになる。次に、聞いてくれた人からのフィードバックによって、自分の考えを相対化できる。自分の調査や研究の強み、弱み、課題などを知ることができる。最後に、プレゼンテーションを行うことで、新たな疑問や課題を見つけ、次の調査・研究に向かうきっかけになるものである。

⑤ドラマワーク

　ドラマワークは獲得型学習の特色の1つだ。その特長は、まず、学習者は演ずることで別の世界に生き、違う自分になることができる。次に、虚構の世界と現実の世界の往還で、対象を内側から、また外側からより深く理解できる。そして、この学習方法によって、認知的で静的な理解に偏りがちな学習を、身体的・感性的で動的な理解に深める可能性がある。

[3] 協同学習理論と獲得型学習理論の比較

　両者に共通している点は、第1に、両者ともカテゴリーの目的を達成するための重要なツールとしてアクティビティを使っていることだ。第2に、どちらも学習者相互の教育的影響を重視しており、共同的な学習を重んじている点である。第3に、両者とも、最終的な目的を自立的学習者、自律的市民の育成に置く点である。

次に、両者の相違する第1点は、協同学習理論のアクティビティ編成が、個人・小集団の発達に合わせているのに対し、獲得型学習理論では、リサーチ、ディスカッション／ディベート、プレゼンテーションなど学習機能に従ってアクティビティを編成している点。第2点目は、獲得型学習理論は身体表現を重視するのに対し、協同学習理論には身体表現の志向はあまりない点。第3に、協同学習理論はグループの成長に重点を置くが、獲得型教育理論には、学習グループの成長理論のようなものは見られない点が挙げられる。

3 アクティビティ紹介と活用事例

A アクティビティ紹介

さまざまな教育理論が、数多くのアクティビティを開発してきた。アクティビティは、生徒主体の授業づくりに欠かせないものだ。しかし、アクティビティの効果や楽しさは、実際にやってみないとなかなかつかめない。ぜひ、実際にアクティビティを体験してほしい[8]。

[1] いろいろライン（いろいろな基準で並んでみる）

学習者相互をつなぐ、ウォーミングアップのアクティビティである。

手順

スタート地点を決めて、学習者は教師が言う基準通りに並ぶ。たとえば朝起きた時刻順、昨夜寝た時刻順、通学時間の長さ順、名字の五十音順、誕生日順など。

解説

誕生日順を無言で並ぶように指示すると面白い。このときジェスチャーは使ってもよいとする。並んだら、誕生日を順に言ってもらってチェック。たまたま同じ誕生日の人がいたら、みんなで拍手をすると盛り上がる。

[2] ホップ・ステップ・クラス（まずは2人で気軽に話し始めよう）

協同学習を代表するアクティビティである。「互恵的な支え合い」のアクティビティの1つだ。

手順
①教師がクラス全体にある質問をする、またはある課題を出す。
②学習者は、まずは数分間1人で考える。
③その後ペアになって、お互いが考えたことを交流する。
④お互いの意見に相違がある場合は、意見の根拠を説明する。あるいは2人の意見を合わせて1つの意見にすることを試みる。
⑤ペアで話し合った結果をクラス全体で交流する。

解説
まず自分で考え、ペアで交流するという方法。自分で考えるという過程を経ることが大事。2人で行うので、発言しやすいし、聞くだけの人が出にくい。自分の考えを明確にし、他者の意見と対比しながら考えを深めることに役立つ。また、クラス全体で行う討論の準備として活用することもできる。

[3] フォー・コーナーズ（簡単にリサーチができるアクティビティ）

手順
①質問の答えを4択にし、教師の質問に応じて学習者は部屋の4隅（コーナー）に移動する。たとえば、あることに対しての賛否を4択にして、「賛成」、「やや賛成」、「やや反対」、「反対」で移動してもらう。
②移動し終わったら、コーナーに集まった学習者は3〜4人の小グループになり、なぜそのコーナーを選んだかお互いに話し合う。
③教師は何グループかを選んで、グループ代表にまとめを報告してもらう。
④別の質問をして、また①〜③を繰り返す。

解説
このコーナーが何のコーナーか、あらかじめ書いた紙を4隅に貼っておく。学習者には自分の考えで動くように話しておく。身の回りのことから、社会事象まで質問ができる。論争的な質問を用意すると盛り上がる。

[4] なりきりスピーチ／なりきりプレゼンテーション（何かになりきる）

　獲得型学習理論のアクティビティである。歴史上の人物、現代の著名人など、ある役柄になりきって一人称で発表を行う。

▶ 手順
①なってみたい役柄を決める。
②その役柄に関してリサーチを行う。
③情報をまとめ編集して、役柄に語らせる内容を文章にする。
④リハーサルを繰り返す。
⑤なるべく原稿を見ないで発表する。

▶ 解説
　よくある形が歴史上の人物になりきって、その人物の果たした役割を語らせる方法だ。「私は織田信長……」などと言って登場する。その人物らしい衣装を着たり、小道具を持つことで役柄になりやすくなる。話すだけでもよいが、動作も加えるとさらに説得力が増す。言葉での発表を中心にすれば「なりきりスピーチ」になる。

B　アクティビティ活用事例

　ここで、1つの授業実践事例を紹介する。従来の教師中心の授業とはかなり違った授業である。アクティビティに注目しながら読んでほしい。

実践記録「授業・私はミミズ」[9]

[1] 実践の条件

　科目名は理科の「選択・生物Ⅱ」。2012年および2014年実施。高校3年生対象の生物選択の授業で、生徒数は約20名だ。授業者は藤田真理子教諭（北海道大谷室蘭高等学校）である。学習単元は「生物の多様性と進化　第1章　生物の分類と系統」だ。学習目標は、ある生物に「なりきって」プレゼンテーションすることにより、①選んだ対象に興味を持ち主体的に調べること、②発表に取り組む姿勢や具体的な方法について学ぶこと、③単元の理解を深めること、である。

　授業の流れは5時間構成で、①説明とグループ作り、リサーチワーク（2時間）、②ディスカッションと発表準備（2時間）、③発表とふり返り（1時間）

である。

[2] 準備作業―説明と教師の指示

　授業の冒頭に、生徒にテーマを発表した。黒板に「私はミミズ」と書くと、それだけで生徒たちは「わーっ」と盛り上がった。
　まず教科書と図説を用いて、生物の系統分類の方法を説明する。続いて、リサーチワーク、ディスカッション、なりきりプレゼンテーションを実施することを説明した。方法とルールは、次の通りである。
① 4人グループを基本とし、調べた生物になりきって、身体を使って表現し、演劇的に6分間で発表する。このプレゼンテーションの際に、小道具や簡単な衣装を使ってもよい。
② 興味を持った生物の分類や生態を調べ、どんな観点からでもよいので深く調べて発表する。生物の界門綱目科属種の分類名を発表すること。
③ リサーチは、図書館やパソコン、スマートフォンを使用してもよい。
④ 時間が限られているので授業以外の放課後等を使ったり、グループの中で役割分担をして自宅等に持ち帰って作業をしてもよい。
⑤ 発表時には他のグループが発表で取り上げた生物の分類や特徴をノートにメモすること。そして、配布した記入表に評価を書き込んで提出すること。
　これらの説明を聞いただけで、生徒はがぜんやる気を出している。ただ、どのようにやるのか、まだ具体的なイメージが持てていない。そこで私が簡単に例をやってみせた。
　「私はミミズよ。あんた達、私のことよく知らないでしょ？！　私が、世の中に役立っているってことわかってないでしょ！」といきなりミミズになって話し出す。
　「私はね、別名土壌改良者って言われてて、私の住むところは肥沃でいい土地よ」と、ミミズのイメージを変えるようなエピソードを話し、そこから形態の特徴などに展開していった。
　「心臓なんて10個もあるのよ。血管もちゃんとあるの。私の体はね、ツルツルすべすべに見えるけど、表面に剛毛が生えているのよ。だからどんなところでも前に進めるの。ほら、こうやって！」

「アメリカ人だってひどいものよ。食用ミミズの料理コンテストなんてやってて、タンパク質やミネラルが多いので高価なんですって」というようなウンチクも交えて語り終えた。生徒たちはずっと面白そうに笑って聞いている。

[3] プレゼンテーションの準備

　生徒たちは早速グループに分かれて、話し合いやリサーチに入る。いつも眠そうな生徒も議論をしている。図書館へ移動したグループもある。スマートフォンを活用し、調べることを分担しているグループもある。リサーチやグループでのディスカッションが深まっていくと、当初の予定が変わることもある。対象の生物を変えて調べなおすグループも見られた。リサーチは授業時間だけでは終わらず、放課後や休み時間、日曜日までも熱心に行うグループも多く見られた。

　リサーチが終わると、プレゼンテーションの準備に入る。発表時間が限られていることもかえって効果的であり、いかに短時間で説明できるかを競っていた。シナリオを作って練習し、なりきって表現する工夫もおこたらない。

[4] 発表の場面

　ここでは2012年に行われた「ダンゴムシ、ワラジムシ」チームの発表を紹介する。

　「ダンゴムシ、ワラジムシ」チームは3名。1人が机の前のイスに座ると教室の入り口から他の2人がノックして入ってくる。面接試験の会場という設定だ。1人はオカダンゴムシになりきって、「ユーラシア大陸ヨーロッパから来たオカダンゴムシです。受験番号5656」とあいさつをする。もう1人は、「同じくユーラシア大陸ヨーロッパから来たワラジムシです。受験番号6464」と言いながら着席する。教室が笑いに包まれる。

　面接官が「自己紹介してください」と話すと、ダンゴムシは挙手して「身長14ミリ、14本の足を持ち、6つに体が分かれています。ワラジムシ君より足は遅いですが、丸まれます」と自慢した。

　するとワラジムシは「色は褐色、楕円形で足はダンゴ君より速いです」

と自慢し返す。面接官からは、「お住まいは？」「コンクリートや石を食べますか？」「ご家族は？」と生息地、食性、生殖などの質問が続き、「カルシウムを摂るためにコンクリートを食べる」（双方）、「母はおなかに40人の兄弟をつけて守ってくれる。一斉に生まれ育つと気持ち悪がられる」（ワラジムシ）とそれぞれが答えていく。このやり取りで2種類の生物の生態がよくわかった。

　最後に面接官が「自己PRをしてください」というと、ダンゴムシは「私は、ムシと呼ばれますがムシではなく、動物界節足動物門甲殻綱ワラジムシ目オカダンゴムシ科オカダンゴムシです。甲殻類ですのでフライパンで焼いて食べると美味しいです」と答えた。ワラジムシは「ベンジョムシと呼ばないで。私は動物界節足動物門甲殻綱ワラジムシ目ワラジムシで、正統なるワラジムシ一族なのです。小さい子どもたちの皆さん、私を丸めてつぶすのはやめてください。私は丸まるのは苦手なのです」と答えて発表を終えると、また教室は笑いに包まれる。笑いながらも生徒たちは、分類や特徴を聞き取ってメモしていく。

　発表時には、ただ見ているだけでなく、各自ノートに分類やわかったことをメモして、残りの10分で評価記入用紙に書き込む。この表には、「わかったこと」、「感想」、「評点」といった項目がある。ここでの評価は、各発表チームにフィードバックされ、彼らを大いに励ますことになる。

[5] 授業「私はミミズ」を読み解く

　この授業から気づくことは何だろうか。5点にわたって述べてみる。

　第1に、生徒たちによる自主的な学びの動きが起こっていることだ（学習者の主体性の高まり）。

　第2に、学習課題をめぐって生徒相互の深い関わりが生まれていること（対話的で共同的な学びの成立）。

　第3に、通常だとなかなか理解しにくい生物の分類と系統についての学習が、実に生き生きと行われていること（深い学びへの接近）。

　第4に、生徒たちが「水に放たれた魚」のように自由闊達に学びを楽しんでいることだ。先生の説明に笑いが起こり、生徒たちの演技に笑いが起

こる。この実践を基盤として支えているのが教師と生徒、生徒同士の信頼関係だ（安心して学ぶことのできる学習環境）。

　第5に、アクティビティが、その力を存分に発揮していることだ。教師がミミズになり演技したこと（「ティーチャー・イン・ロール」というアクティビティ）が刺激的な効果を発揮している。続いて生徒たちの行った「リサーチワーク」「ディスカッション」のアクティビティが繰り返され、準備が深まって具体化していく。最後の発表のアクティビティは「なりきりプレゼンテーション」である。このように、一連のアクティビティがうまくつながり効果をあげていることがわかる（アクティビティの効果）。

4　新しい指導技術——指導技術の変容

A　新たな課題に応じた指導技術

　過去の日本の学校では、あまりに一斉指導、一斉授業の比重が重かった。学習者は座って聞くことだけが求められてきた。そのような環境では、学習者主体の学習を促すような指導技術がなかなか育ってこなかった。現在課題になっている「主体的・対話的で深い学び」のために必要とされるのが、教師の新しい授業スタイル、指導技術である。アクティビティに習熟し的確に運用することは、この課題に応える第一歩になるだろう。

B　アクティブ・ラーニング型授業（AL型授業）に求められる指導技術とは

[1]　教師の身体技法[10]

　第1に、教師の雰囲気だ。伝統的な教師のように学習者の上に立ち、何でも教えたり指示することができるという雰囲気だけでなく、グループワークや個別の探求学習などでは学習者に主体性を持たせたり、学習者の考え・意見を引き出すような、「一歩引いた」雰囲気も醸し出せるようになりたい。このような学習では、すぐに答えを教えないで調べさせる、学習者同士で考えさせるということも大事な点だ。

第2に、教師の立ち位置と声の大きさだ。伝統的な授業では、教師は黒板の前に立ち、教室の隅まで届く大きな声で話す必要があった。一方、AL型授業では、全体で教師からの説明を聞く、アクティビティをする、グループで話し合う、発表するなど活動が多様に展開する。教師は「自分の気配を消して」歩き回って各グループの活動をモニターしたり、困っているグループの相談に乗ったりする。そのような場合の教師の声は小さくなければならない。このように、教師は場面によって立ち位置・話し方を自在に使い分けねばならない。

　第3に、観察力、コメント力、即興力を高める必要があることだ。伝統的な授業では、どのような道のりでゴールに向かうかは教師がすべてコントロールできた。しかしAL型授業では、授業は教師と学習者、あるいは学習者同士の関わり合いの中で作られていく。教師の観察力、コメント力、即興力は、そのような予測できない学びに必要な能力だ。これらの力は短期間に身につくものではない。日頃の小さな積み重ねが、この力を伸ばしていく。

[2] アクティビティの選択

　アクティビティを選択する際に考えるべきことをいくつか挙げておく。

　第1は、その効果だ。アクティビティにはそれぞれ異なった効果がある。どういう効果をねらってそのアクティビティを使うか、よく考えたい。

　第2は、所要時間だ。サッと数分でできるものから、全プログラムを行うと数時間必要なものまである。この時間の読みが甘いと、授業が尻切れトンボになってしまう可能性がある。

　第3に、実施の条件を考える。そのアクティビティが実施できるような場所はどこか、アクティビティに合った人数は何人くらいか、グループはいくつのグループになるか、実施するために必要な道具は何か、などを考えておくことだ。

　第4は、アクティビティの難易度（やさしさ、むずかしさ）だ。学習者がアクティビティに慣れていない場合には、やさしいアクティビティを行う。やれると思う場合にはレベルを上げて、たとえば表現的なアクティビティに挑戦するなどしたい。

第5に習熟度について考えたい。授業者の習熟度（自分はこのアクティビティの運用にどの程度習熟しているか）、学習者の習熟度（学習者はアクティビティにどれくらい慣れているか）を考える。
　第6に、学習集団の雰囲気だ。クラスの雰囲気や学習者同士の人間関係の様子によって、アクティビティの種類や進め方を変えることも考える。

[3] アクティビティを使った授業の組み立て

　アクティビティはどのような授業にも使える。通常の授業の中で5分〜10分のアクティビティを1つやってみるのでもよい。また、いくつかのアクティビティを組み合わせて1時間単位の「ワークショップ型授業」を構成することもできる。「私はミミズ」のように、リサーチから発表まで数時間使った授業もできる。さらに、数か月かけて課題設定、調査計画まで生徒が考え、発表にいたる「プロジェクト学習」にも挑戦したい。
　アクティビティで授業を構成するワークショップ型授業のイメージを描いてみよう。1時間単位の授業で言えば、まず授業の目標を明らかにしたうえで、「導入―展開―まとめ」のような設計図（道筋）を考える。それが学習プロセスのデザインである。この設計図にそってアクティビティを配置する。ワークショップ型授業のよくある形は以下のようなものである。①ウォーミングアップ・アクティビティで場をあたためる。②グルーピングを行い、学習者の学習グループを構成する。③学習テーマに適う導入的なアクティビティを実施する。④メイン・アクティビティに取り組む。⑤ふり返りでしめくくる。このような授業の構成を考える際に、注意すべきことは次の3点だろう。
　第1は、学習テーマを深めるためにもっとも有効なアクティビティは何か、を模索することだ。たとえて言えば、どの鍵を使えばこのドアが開けられるのかを考えることになる。授業の目標、学習材、アクティビティのストックの3つの要素を総合して、シミュレーションしてみるとよい。
　第2は、組み合わせるアクティビティ間の相性を考えることだ。使用する2〜3のアクティビティの連続体が、1つのイメージを作るようなものでありたい。また、大きなアクティビティ同士を組み合わせると、えてして焦点がぼやけたり、時間が足りなくなったりしがちなので注意したい。

第3に、アクティビティを行った後には、ふり返りを位置づけることだ。ふり返りには学習者のふり返りと、教師のふり返りその両方が必要だ。やりっぱなしでは経験の蓄積は望めない。ふり返る際には、単にアクティビティの運用がうまくいったかどうかでなく、そもそもの授業のねらいに即してそれをどれくらい達成できたかふり返ることが大切だろう。ふり返りを重視し積み重ねることで、自分の成長につなげたい。

C アクティビティ運用熟達の道筋

教師がアクティビティの運用力をつけていく道筋を、渡部は次のような段階として表している[11]。

> フェーズ1：個々のアクティビティの働きや効果について教師が十分知ること。
> フェーズ2：アクティビティを組み合わせて、1時間なり1学期間なりの授業をデザインできること。
> フェーズ3：実際の授業でアクティビティを効果的に運用できること。
> フェーズ4：教育内容、教室環境、生徒の状況など諸条件に合わせて教師がオリジナルなアクティビティを創造すること。

渡部によれば、多くの教師にとって、フェーズ1からフェーズ2への移行はそれほど困難ではないとする。しかし、フェーズ2からフェーズ3の間には大きな隔たりがあり、相当な実践の積み重ねと工夫が必要だと述べている。フェーズ1〜4を、自分のアクティビティ運用能力を図る目安として、また目標としてこれを役立てたい。

注)

1) 2016年前後から文部科学省関係の文書では、「アクティブ・ラーニング」の代わりに「主体的・対話的で深い学び」という言葉を使うようになった。「アクティブ・ラーニング」は授業改革の「視点」であり、特定の方法を示す語ではないとされている。
2) 渡部淳「教育方法学研究の歴史と展望 第2節 学習活動・アクティビティ」日本教育方法学会編『教育方法学研究ハンドブック』学文社, 2014, pp. 158-161.
3) 渡部淳「授業をどう変えるのか 学ぶてごたえ 学びの味わい」河内徳子・渡部淳・平塚眞樹・安藤聡彦編『学習の転換——新しい「学び」の場の創造』国土社, 1997, p. 44.

4) 松下佳代「アクティブラーニングをどう評価するか」松下佳代・石井英真編『アクティブラーニングの評価』東信堂，2016, p. 4.
5) ジョージ・ジェイコブズ，マイケル・パワー，ロー・ワン・イン著／伏野久美子・木村春美訳，関田一彦監修『先生のためのアイデアブック——協同学習の基本原則とテクニック』日本協同教育学会，2005, p. 8.
6) 同上書，目次参照．
7) 渡部淳＋獲得型教育研究会編『AL 型授業が活性化する参加型アクティビティ入門』学事出版，2018, p. 147.
8) 同上書 pp. 12-40.
9) 藤田真理子「私はミミズ」渡部淳＋獲得型教育研究会編『教育プレゼンテーション』旬報社，2015, pp. 181-185.
10) 髙尾隆「教師の身体技法とは」渡部淳＋獲得型教育研究会編『AL 型授業が活性化する参加型アクティビティ入門』学事出版，2018, pp. 98-101.
11) 渡部淳『教師　学びの演出家』旬報社，2007, p. 52.

知識を確認しよう

問題

(1) アクティビティとは何か、そのカテゴリー、機能、特徴などに触れながら説明せよ。
(2) 「新しい学び」を支える教師の資質、指導技術とはどのようなものであるか述べよ。

解答への手がかり

(1) 第9章第2節、第3節が手がかりである。範囲が広いのでどこかに焦点を当てて述べると書きやすいし、内容も豊かなものになる。
(2) 従来の一斉授業が支配的な授業形態であるときの教師の姿と、「新しい学び」に必要な教師の姿とを対比させて考えるとよい。

第10章 ワークショップで学ぶ教育方法

本章のポイント

　資料編に掲載した文書、子どもの書いた作文などを読み解き、その内容を素材として、ディスカッションやプレゼンテーションなどのタスク（課題）に挑戦してもらう。

　資料のテーマは、参加・獲得型学習における教師と学習者の関係性、ユネスコ関連文書に登場する21世紀の学習の4本柱、アメリカの海外生が経験した表現力トレーニングの3つである。

　参加型アクティビティ（技法）を使ったタスクに学習者として取り組むことで、テーマに関する理解を深められるだけでなく、近い将来、教師としてアクティブ・ラーニングを指導する際に、自分の学習経験をふり返って生かしていくことができる。本章は、そういう入れ子構造のプログラムになっている。

1 教師と学習者の関係性について考える──生徒と向き合う教師の側の身体性と構え

A テーマの解説

　知識注入型の授業から参加・獲得型授業の方向にシフトしていくことは、教師と生徒の関係性が変わることを意味する。「教師─生徒」関係だけでなく、「生徒─生徒」関係でプレゼンテーションやディベートなどの活動が行われるようになるからだ。

　それは「教師＝見られる側」、「生徒＝見る側」という固定した関係ではなくなり、教師と生徒が、ともに「見る身体」と「見られる身体」を往復しながら授業が進んでいくことを意味する。

　そのため、これからの教師には、学びの場における身体性についてもより自覚的であることが求められる。具体的には、生徒の目に自分の姿がどう映っているのかも意識し、発声、話し方、身体の動かし方等に表れる自分自身のクセや特徴をつかんだうえで、日々の指導にあたることが必要になってくるのだ（詳しくは第1章参照）。

　では教師の姿は、生徒たちの目にどう映っているのだろうか。ここに掲載する資料は、ある大学の教職課程で学ぶ250人の学生たちが、「生徒の心にスーッと入っていける教師、いけない教師」というテーマで書いた文章からポイントを抜き出し、それを3つのカテゴリーに分けて整理したものである。

　資料に目を通し、これを参考にしながら、以下のタスク（課題）に取り組みなさい。

B 資料
[1] 生徒の気持ちにスーッと入っていける教師
(1) 関係性──受けとめる、応答する（9項目）
　生徒の気持ちを理解しようとする
　生徒の目を見て話を聞く
　固定観念に囚われず、幅広く物事を考えられる
　相手の話を聞いたうえで、何通りかの選択肢を示すことができる

否定するにしても、いったん相手を認めたうえで意見を言う
　柔軟で臨機応変に物事を処理できる
　いざというときに生徒の心に届くアドバイスができる
　じっくり話を聞いてくれる聞き上手
　誰にでも心を開いている

(2) **指導性・専門性――働きかける（10 項目）**
　生徒の状態に対する洞察力がある
　授業が上手
　その場の空気が読める
　話に説得力がある
　年齢は違っても、若い世代のことをよく知っている
　ふとした瞬間に良い言葉がかけられるコメント力がある
　生徒とのコミュニケーションを大切にする
　豊かな知識や経験を持っている
　場を和ませることができる
　授業時間と休み時間にメリハリがある

(3) **職業的スタンス・人柄――姿勢をとる（16 項目）**
　親身になって考えてくれる
　子どもの心を忘れない
　温和な優しい人柄
　態度に一貫性がある
　さりげない優しさや心遣いがある
　1 人ひとりを公平・平等に扱い、ひいきしない
　「見る」ではなく「観る」、「聞く」ではなく「聴く」ことができる
　場面に応じてきちんと喜怒哀楽を表現できる
　言葉だけでなく、行動に移そうという意志が見える
　きっちりしているよりも、適度にいい加減である
　生徒の目線に立っている
　人間として誠実である
　時と場合で厳しい指導ができる
　人の痛みや喜びを理解できる

自分の考えをしっかり持っている
教師という職業にやりがいを感じている

[2] 生徒の気持ちにスーッと入っていけない教師
(1) 関係性——受けとめる、応答する（9項目）
固定観念に囚われている
生徒の話を聞こうとしない
相手によって態度を変える
言葉遣いが荒い
質問しても「生徒はこの程度」と流してしまう
生徒の意見を聞いているようで、自分の考えを曲げない
生徒の気持ちをわかろうとしない
自分の意見を一方的に押しつける
不公平な態度をとる

(2) 指導性・専門性——働きかける（6項目）
おせっかいで押しつけがましい態度をとる
自分は生徒がわかっていると勘違いしている
授業の工夫をしない
子ども扱いして世話を焼きすぎる
空気が読めない
生徒同士を比較する

(3) 職業的スタンス・人柄——姿勢をとる（14項目）
生徒に対して心を閉ざしている
横暴で子どもっぽい
機嫌の良し悪しをあからさまに態度に出す
すぐに怒り、怒ったあとのフォローがない
言っていることとやっていることが違う
生徒に対して無関心で、マニュアル通りの対応をとる
自分から生徒と関わりを持たないようにしている
自分のことで精いっぱいである
やる気がなく、「仕事だからやっている」という態度をとる

生徒を見下している
好き嫌いなどの私情をはさむ
言葉にとげがある
プライドが高すぎる
「先生は先生」と壁を作ってしまう

C　タスク

　上述の通り、この資料は、学生たちが自分の学校生活をふり返り、それまで接してきた教師の姿を通して、あらためて「教師―生徒」関係を相対化してみた結果である。

　生徒側の目で見たここでの分析は、やがて教師になったあとの自分に返ってくることになる。その意味で、ここでの分析は、教師になったときの自分の構え（生徒との向き合い方）に反映されてくるものでもある。

[1]　授業などでグループワークを行う場合
【課題事例1】小グループの話し合いからプレゼンへ
①個々人で資料に目を通し、特に共感するポイントに印をつける。
②4人程度のグループになり、お互いがチェックしたポイントを交流する。
③グループで、「生徒の心にスーッと入れる教師と入れない教師」の両方について、どこが特に大切なポイントになるか話し合う。
④グループの話し合いの結果を、全体にプレゼンし、共有する。
⑤ここまでの活動を通して、気づいたことを、各人で400～800字程度の文章にする。

【課題事例2】「ホット・シーティング（質問コーナー）」の技法を使って教師の立場を体感する
①4人程度のグループを作る。
②それぞれのメンバーが、自分が「なった」と仮定する教師のイメージ（担当教科、経験年数、勤務する学校など）を決める時間をとる。
③1人のメンバーに向かって、他のメンバーから順番に以下のような質問をする。回答者は、自分がイメージする教師に「なって」答える。これを4回繰り返す（各回5分程度。あらかじめ時間を区切って行う。1人で何回質問

してもよい)。
「あなたはどんな学校に勤めていますか」
「あなたは勤務校で、何の科目を教えていますか」
「あなたは教師として、生徒にどんな力をつけたいですか」
「あなたは教師として、生徒との距離感は近いほどいいと考えますか、それともある程度離れていた方がいいと思いますか」
「あなたの教師人生で、特に印象に残っている生徒はどんな生徒ですか」
「あなたの教師生活で、もっともピンチだと感じたことはどういうことですか」
「あなたが生徒と接するとき、いつも心掛けていることがあったら教えてください」

④回答者役が一巡したところで、いったん終了。回答者(役)、質問者(役)をやってみて、どういう気づきや発見があったのか、お互いに交流する。

⑤これまでの活動で気づいたことを、各人で400字～800字の文章にまとめてみる。

※「ホット・シーティング(質問コーナー)」はドラマワークで使われるアクティビティの代表的なものである(ドラマワークについては、第9章を参照)。

[2] 資料を1人で活用して学ぶ場合

【課題事例3】資料を手掛かりに短いエッセー(論理的文章)を書いてみる

①資料に目を通し、特に共感するポイントに印をつける。

②チェックした複数のポイントを使い、「生徒の心にスーッと入れる教師、入れない教師」について、400字～800字で自分の考えを文章にまとめてみる。

注記：課題事例1と2は、1コマの授業で行うことを想定しているが、グループの数、時間配分などは、自由なアレンジが可能である。個人での資料の読み取りを事前課題にすれば、その分、グループワークに割く時間を増やすことができる。課題事例4、6、7のグループワークについても同様である。

2 ユネスコ関連文書で教育方法を考える——「学習の4本柱」とは

A テーマの解説

まず、ユネスコ（国連教育科学文化機関）と日本の関わりについて簡単に見ておこう。

「戦争は人の心の中で生まれるものであるから、人の心の中に平和のとりでを築かなければならない」というユネスコ憲章の言葉が象徴する通り、ユネスコは世界平和を祈念して作られた国際機関である。

ユネスコと日本の間には、歴史的に深い関わりがある。日本がユネスコ加入を認められたのは、第2次世界大戦の敗戦からそれほど年月のたっていない1951（昭和26）年のことである。日本首席代表・前田多聞（元文部大臣）が、加盟国として承認されたユネスコ総会で、以下のように演説したことは特に知られている。

「戦後の混乱と不安と無援助のさ中にあって、粉砕され屈辱を受けた日本人の心は、希望と光明を与えてくれる治療薬を熱心に求めて、最後にユネスコに求めるものを見出したのであります。ユネスコ精神は、平和を愛する民主国家として再建の途にある今日の日本にとって、指導原理でなくてはなりません。」[1]

日本は、松浦晃一郎氏をユネスコ第9代事務局長（1999-2009年）に送り出した国でもある。現在、世界遺産の認定などでしばしば話題になるユネスコだが、世界から非識字者をなくすべく教育の普及に努めることなど、その活動範囲はきわめて広い。

さらに、日本の学校教育との関わりで言うと、ユネスコスクールのネットワークに加盟する幼稚園、小学校・中学校・高等学校および教員養成系大学の数が、1,116校あるとされている（2018年10月現在）。ユネスコスクールは、そのネットワークを生かして、世界の学校と交流すること、また、環境問題など地球規模の課題に若者たちが取り組めるよう、新しい教育内容や手法の開発に取り組むことなどを目標に掲げている。

B　資料の解説

　ユネスコは、資料編に掲載した通り、学習に関する文書も数多く出しているが、ここではユネスコ「21世紀教育国際委員会」報告書を素材に考えてみる。

　これは、1991年11月のユネスコ総会が、当時のマイヨール事務局長に、21世紀のための教育および学習について考察することを要請したのを受け、1993年に設置された委員会（世界各地から選ばれた14名で構成）が作成した報告書である。

　当時のEC委員長であったジャック・ドロールが委員長としてとりまとめをしたことからドロール・レポートと呼ばれる場合もある。

　報告書の中でも、特に知られているのが第2部の「第4章　学習の4本柱」「第5章　生涯学習」である。

　ここでは、「第4章　学習の4本柱」（全文）を掲載している。資料文にざっと目を通してから、以下の課題に取り組みなさい。

C　タスク

[1] 授業などでグループワークを行う場合

【課題事例4】小グループの話し合いからプレゼンへ

①個々人で資料「第4章　学習の4本柱」（全文）に目を通し、「知ることを学ぶ」、「為すことを学ぶ」、「共に生きることを学ぶ」、「人間として生きることを学ぶ」の4つの柱のポイントとなる内容を、マーカーなどを使ってチェックする。もし時間がとれるなら、自分の言葉で、ノートにポイントを抜き出してみるとさらによいだろう。

②4人程度のグループになり、お互いがチェックしたポイントを交流し、4つの柱のそれぞれの内容を確認してみる。

③グループで、ドロール・レポートの4本柱の提案から、現在の日本の教育が何を学べるのか話し合ってみよう。その際、4つの柱のうち、どの柱がより示唆的だと考えるのか、それぞれ理由を挙げて話し合うと進めやすくなる。

④グループの話し合いの結果を、全体にプレゼンし、共有する。

⑤ここまでの活動を通して気づいたことを、各人で400〜800字程度の文

章にする。

[2] 資料を1人で活用して学ぶ場合
【課題事例5】資料を手掛かりに短いエッセー（論理的文章）を書いてみる
①資料に目を通し、「知ることを学ぶ」、「為すことを学ぶ」、「共に生きることを学ぶ」、「人間として生きることを学ぶ」の4つの柱ついて、自分がそれぞれの柱のポイントだと思う箇所に、マーカーなどで印をつける。
②チェックしたポイントを使い、「日本の教育が、ドロール・レポートから学べること」というテーマで、400字～800字の文章をまとめてみる。

3 授業で行う表現力トレーニング——海外生の作文を素材に考える

A テーマの解説

　新しい学習指導要領で、子どもたちの「思考力、判断力、表現力」を育てることの重要性が指摘されている（資料編参照）。
　ただ、表現力に注目してみると、これまで教師による知識注入型の授業が中心になってきたことから、学習者による表現の機会が必ずしも多くなかったことも事実である。
　一方、海外に目を向けると、すでに世界中でさまざまな表現型のプログラムが導入されてきた。そうしたプログラムをじかに経験し、いち早く日本の教育現場に持ち帰ったのが、1980年代頃から急増することになる海外帰国生（帰国子女）たちだった。
　親の仕事の都合などで、海外で暮らしている学齢期の子どもたち（海外生）、海外から帰国した子どもたち（帰国生）の数は、増え続けている。
　1980（昭和55）年当時の海外生はおよそ2万7,000人だが、2016（平成28）年の統計で約8万人に上る。それだけ帰国生の数も増加することになる。近年では、毎年1万2,000人ほどの子どもたちが、帰国生として日本の学校に戻っている。海外の学校での体験が、それだけ身近になってきたのだ。
　本節では、資料としてアメリカの学校の事例を取り上げている。アメリ

カの場合、小学校の低学年から、子どもたちが繰り返し「ショウ＆テル」のプログラムを経験することが知られている。「思い出の写真」、「お気に入りのおもちゃ」など、実物を示しながら、それにまつわるエピソードなどを紹介するスピーチ・プログラムである。

　学年が上がったあとも、たとえば「モーツァルト」や「リンカーン大統領」になり切り、当時の服装でスピーチをする伝記学習のプログラム、グループに分かれて、ギリシア時代とローマ時代を調べ、どちらの時代がより優れているのか、当時の服装をしてディベートをする歴史学習のプログラムなど、教科学習に関連したさまざまな取り組みが行われている。

　以下に引用した小学校３年生の作文を読んでから、表現力をどう育てるのか、という課題に取り組みなさい。

B　資料

　この作文は、海外子女教育振興財団が主催する「第27回海外子女文芸作品コンクール」（2006年）の入選作品である。作者の菅原花和子さん（小学校３年生　海外滞在年数約５年４か月）が、アメリカのイリノイ州にあるシカゴ補習授業校に在籍していた当時に書いたものだ。

　補習授業校は、現地校などで学ぶ子どもたちのために、土曜日だけ開かれている学校で、主に日本語の学習を中心にカリキュラムが組まれている。ただし、ここで書かれているのは、菅原さんの現地校での経験である。

おなかの中にちょうちょ

　「ドキン、ドキン」わたしの心ぞうの音が、クラス中に聞こえそうです。なぜならつぎにはわたしがうちゅうについて発表する番だからです。

　こんなふうにきんちょうしているときの事を英語で、「おなかの中にちょうちょが入っているようだ」と言うそうです。今のわたしのおなかの中には、ちょうちょどころか鳥でも入っているようです。

　ISATテスト（共通テスト：筆者注）が終わって、クラス中がほっとしていたある日、先生が一まいの紙をくばりました。

　「うちゅうについて、どんな事でもいいので、一人ひとつのテーマで発表してください。一人５分い上で、パネルかもけい（模型：筆者注）、絵を使ってく

ださい。」
　わたしは、うちゅうについてのべん強がとく意ではないので、「やだな、にがてだな。」と思って、しずんだ気持ちになりました。
　このようなしゅく題が出た時、わたしの友だちはみんな家ぞく中、きょう力して作ったり考えたり、調べたりします。わたしのお母さんとお父さんも、わからない英語をじ書で調べながら、いっしょにテーマを考えてくれました。けっきょく、わたしはすい星をテーマにえらびました。
　その日からわたしは、図書館でかりた本を読んだり、インターネットですい星のことを調べ始めました。それと同時に、すい星の動くしかけをお母さんと作りだしました。絵や写真だけでは、つまらないと思ったからです。
　まず、大きなだんボール紙を、こい青のスプレーでぬりました。まだらになったので、うちゅうらしくなりました。金色のピクルスのふたのうらに、じ石をかくして、青くぬっただんボール紙にはり、太ようにしました。そして、すい星のき道を、太ようのまわりに白い絵のぐでかきました。
　わたしが動かすすい星は、白いボトルキャップにはり金でワッシャーをつけ、そのはんたいがわにスポンジですい星のしっぽをつけました。こうすると、ワッシャーが太ようのじ石にくっつき、自動てきにしっぽがいつも太ようのはんたいに向く事になります。
　しかし、動かしてみると、あまりうまくいきません。ワッシャーが、太ようのおかしな所にくっついたり、すい星のしっぽが落ちてしまったり、何度もしっぱいしました。
　次に話すれん習をしました。早く終わってほしいので、どうしてもはやくしゃべってしまいます。お母さんから、「ゆっくり。」とか「大きな声で。」とか、いつも注意されて、かなしくなってしまう時もありました。
　それでも発表の前の日になって、すい星がうまく動かせるようになりました。せりふもほとんどあん記してしまったので、スムーズにできるようになりました。その夜は、自信まんまんでねました。
　さあ、エイミーが終わって、いよいよわたしの番です。よし、できるぞ、と思って、みんなの前に立ちました。手はあせで、びしょびしょだったけど、大きな声でゆっくり話せました。すい星もうまく回せました。
　お昼休みの後、せいせき表をもらいました。やった、Aプラスです。同じテーブルのデリン、ジョーイ、ローレンもみんなAプラスだったので、みんなで

> ハイファイブ（ハイタッチのこと：筆者注）をしました。
> 　わたしのすきな、アメリカンガールの本にこう書いてありました。
> 「れん習、れん習。れん習が本番をかんぺきにする。」本当にその通りでした。
> 　それに、発表のじゅんびで、本やインターネットで、すい星について調べているうちに、うちゅうの事をべん強するのがおもしろくなってきました。もっといろいろな事が知りたいです。今度のたん生日には、天体ぼう遠きょうがほしいです。

C　タスク

　菅原さんが経験したのは、学習者が自らテーマを選び、探究活動を行うプロジェクト型の学習である。ここでは、探究した内容を発表する過程で、プレゼンテーションの力も開発されていくのが確認できる（第6章に、フィンランドのプロジェクト学習の事例が紹介されているので、そちらも参照のこと）。
　では、以下の課題に取り組みなさい。

［1］授業などでグループワークを行う場合
【課題事例6】小グループの話し合いからプレゼンへ
①個々人で作文に目を通し、特に印象に残る点、疑問に感じる点などに印をつける。
②4人程度のグループになり、お互いがチェックしたポイントを交流する。
③同じグループで、この授業を分析する。分析する対象は、教師、家庭、菅原さん本人の3者である。
　ア．**教師**：この授業で、教師はどんなねらいを持ち、どんな役割を果たしているのか。
　イ．**家庭**：この授業で、家庭はどんな環境を作り、どんな役割を果たしているのか。
　ウ．**菅原さん**：この授業で、菅原さんが得た「達成感」はどういう種類のものか、その内容を整理する。
④グループの話し合いの結果を、全体にプレゼンし、共有する。
⑤各グループの発表を受けて、「日本で菅原さんが受けたのと同じ表現力

トレーニングをすることが可能かどうか」を元のグループで検討する。もし、できないとしたら、どういうやり方が可能なのか、教師の立場になって話し合う。
⑥ここまでの活動を通して気づいたことを、各人が400〜800字程度の文章にする。

【課題事例7】 グループ間交流の技法を使って探究を深める
①個々人で作文に目を通し、特に印象に残る点、疑問に感じる点などに印をつける。
②3つのグループを作る。
③それぞれのグループが、以下のテーマのどれかを分析する。
教師：この授業で、教師はどんなねらいを持ち、どんな役割を果たしているのか。
家庭：この授業で、家庭はどんな環境を作り、どんな役割を果たしているのか。
菅原さん：この授業で、菅原さんが得た「達成感」はどういう種類のものか、その内容を整理する。
④グループを分割して、他の2つのチームのメンバーと新しいグループを作り、それぞれのグループでどんな分析が行われたのか、交流する。
⑤新しいグループで、「日本で菅原さんが受けたのと同じ表現力トレーニングをすることが可能かどうか」検討する。もし、できないとしたら、どういうやり方が可能なのか、教師の立場になって話し合う。
⑥その結果を、全体にプレゼンし、共有する。
⑦これまでの活動で気づいたことを、各人が400字〜800字の文章にまとめてみる。

[2] 資料を1人で活用して学ぶ場合
【課題事例8】 資料を手掛かりに短いエッセー（論理的文章）を書いてみる
①作文に目を通し、特に印象に残る点、疑問に感じる点などに印をつける。
②この授業について、以下の3点を分析してみる。
　ア．教師：この授業で、教師はどんなねらいを持ち、どんな役割を果たしているのか。

イ．**家庭**：この授業で、家庭はどんな環境を作り、どんな役割を果たしているのか。

ウ．**菅原さん**：この授業で、菅原さんが得た「達成感」はどういう種類のものか、その内容を整理する。

③分析したポイントを使い、「日本の授業で、どんな表現力トレーニングが可能か」というテーマで、400字〜800字の文章をまとめてみる。

注）

1) 野口昇『ユネスコ50年の歩みと展望』シングルカット社，1996, pp.42-43 から引用。

参考文献

第1章
稲垣忠彦『増補版　明治教授理論史研究――公教育教授定型の形成』評論社，1995.
田中耕治『戦後日本教育方法論史（上）――カリキュラムと授業をめぐる理論的系譜』ミネルヴァ書房，2017.
西岡加名恵編『「資質・能力」を育てるパフォーマンス評価――アクティブ・ラーニングをどう充実させるか』明治図書出版，2016.
日本教育方法学会編『教育方法学研究ハンドブック』学文社，2014.
松下佳代・京都大学高等教育研究開発推進センター編『ディープ・アクティブラーニング――大学授業を深化させるために』勁草書房，2015.
渡部淳『教師　学びの演出家』旬報社，2007.
渡部淳＋獲得型教育研究会編『AL型授業が活性化する　参加型アクティビティ入門』学事出版，2018.

第2章
上野淳『未来の学校建築――教育改革をささえる空間づくり』岩波書店，1999.
柴田義松・山﨑準二編『教育原論』教育学のポイントシリーズ，学文社，2005.
国立教育政策研究所編『教員環境の国際比較――OECD国際教員指導環境調査（TALIS）2013年調査結果報告書』明石書店，2014.
日本教師教育学会編『教師教育研究ハンドブック』学文社，2017.

第3章
天野郁夫『大学の誕生（上）（下）』中央公論新社，2009.
荒川智編『教育学』メヂカルフレンド社，2015.
アリストテレス著／山本光雄訳『政治学』岩波書店，1961.
海後宗臣・仲新・寺崎昌男『教科書でみる近現代日本の教育』東京書籍，1999.
教師養成研究会『近代教育史』学芸図書，1996.
コメニウス，J. A. 著／稲富栄次郎訳『大教授学』玉川大学出版会，1956.
新藤宗幸『教育委員会――何が問題か』岩波書店，2013.
田中智志・橋本美保『教育の理念・歴史』一藝社，2013.
デューイ，J. 著／宮原誠一訳『学校と社会』岩波書店，1957.
デューイ，J. 著／松野安男訳『民主主義と教育（上）（下）』岩波書店，1975.
中澤渉『日本の公教育――学力・コスト・民主主義』中央公論新社，2018.
成田龍一『大正デモクラシー』シリーズ日本近現代史④，岩波書店，2007.
プラトン著／藤沢令夫訳『国家（上）（下）』岩波書店，1979.
ペスタロッチ，J. H. 著／長田新訳『隠者の夕暮れ・シュタンツだより』岩波書店，1982.

文部省『学制百年史』帝国地方行政学会，1972.
文部省大臣官房『我が国の教育水準』（昭和55年度）』大蔵省印刷局，1980.
文部省調査局『我が国の教育水準（昭和39年度）』大蔵省印刷局，1964.
柳治男『〈学級〉の歴史学——自明視された空間を疑う』講談社，2005.

第4章
秋田喜代美・ルイス，C. 編『授業の研究 教師の学習——レッスンスタディへのいざない』明石書店，2008.
稲垣忠彦・佐藤学『授業研究入門』子どもと教育，岩波書店，1996.
大槻健『戦後民間教育運動史』あゆみ教育学叢書9，あゆみ出版，1982.
小柳和喜雄・柴田好章編／日本教育工学会監修『Lesson Study（レッスンスタディ）』教育工学選書Ⅱ（11），ミネルヴァ書房，2017.
佐藤学『専門家として教師を育てる——教師教育改革のグランドデザイン』岩波書店，2015.
柴田義松『教科の本質と授業——民間教育研究運動のあゆみと実践』「教科の本質がわかる授業」シリーズ　総論編，日本標準，2009.
田中耕治・森脇健夫・徳岡慶一／小島弘道監修『授業づくりと学びの創造』講座 現代学校教育の高度化（16），学文社，2011.
田中耕治編『戦後日本教育方法論史（上）——カリキュラムと授業をめぐる理論的系譜』ミネルヴァ書房，2017.

第5章
ヴィゴツキー，L.S. 著／柴田義松訳『新訳版　思考と言語』新読書社，2001.
エンゲストローム，Y. 著／山住勝広ほか訳『拡張による学習——活動理論からのアプローチ』新曜社，1999.
佐伯胖『「わかる」ということの意味——子どもと教育』岩波書店，1995.
柴田義松『ヴィゴツキー入門』寺子屋新書，子どもの未来社，2006.
庄井良信『ヴィゴツキーの情動理論の教育学的展開に関する研究』風間書房，2013.
ショーン，D. 著／柳沢昌一・三輪建二監訳『省察的実践とは何か——プロフェッショナルの行為と思考』鳳書房，2007.
セルビー，D. & パイク，G. 著／中川喜代子監・阿久澤麻理子訳『地球市民を育む学習』明石書店，1997.
ソーヤー，R.K. 著／森敏昭ほか監訳『学習科学ハンドブック 第二版 基礎/方法論』第1巻，北大路書房，2018.
デューイ，J. 著／市村尚久訳『学校と社会　子どもとカリキュラム』講談社学術文庫，講談社，1998.
ヒックス，D. & スタイナー，M. 著／岩崎裕保監訳『地球市民教育のすすめかた——ワールド・スタディーズ・ワークブック』明石書店，1997.
レイブ，J. & ヴェンガー，E. 著／佐伯胖訳『状況に埋め込まれた学習——正統的周辺参

加』産業図書，1993.

第6章

グリフィン，P., マクゴー，B. & ケア，E. 編／三宅なほみ監訳『21世紀型スキル——学びと評価の新たなかたち』北大路書房，2014.
奈須正裕『「資質・能力」と学びのメカニズム』東洋館出版社，2017.
増田ユリヤ『教育立国フィンランド流　教師の育て方』岩波書店，2008.

第7章

佐伯胖「学校の『脱・学校化』への試み——新設『総合的学習の時間』は成功するか」佐伯胖他編『世界の教育改革』岩波講座・現代の教育第12巻，岩波書店，1998.
中村恵子「日本における総合・合科的学習——第二次世界大戦以前と以後の学習活動を対比して」『現代社会文化研究』第34巻，新潟大学大学院現代社会文化研究科，2005.
福岡県立城南高校編／中留武昭監修『生徒主体の進路学習ドリカムプラン——福岡県立城南高校の試み』学事出版，2002.
丸木政臣・行田稔彦編『和光小学校の総合学習「沖縄」——私たちの沖縄体験』民衆社，1990.
渡部淳「アクティブ・ラーニングは可能か」『世界』通巻第892号，岩波書店，2017年3月号.
綿引光友「総合学習の歴史と展望」『ねざす』通巻第28号，神奈川県高等学校教育会館教育研究所，2001.

第8章

ウェブスター，F. 著／田畑暁生訳『「情報社会」を読む』青土社，2001.
後藤武士『小中学生のための世界一わかりやすいメディアリテラシー』宝島社，2008.
鈴木大裕『崩壊するアメリカの公教育——日本への警告』岩波書店，2016.
戸部良一ほか『失敗の本質——日本軍の組織論的研究』中公文庫，1991.
ライゲルース，C. & カノップ，J. 著／稲垣忠ほか訳『情報時代の学校をデザインする——学習者中心の教育に変える6つのアイデア』北大路書房，2018.

第9章

後藤芳文・伊藤史織・登本洋子『学びの技——14歳からの探求・論文・プレゼンテーション』玉川大学出版部，2014.
ジョージ・ジェイコブズ，マイケル・パワー，ロー・ワン・イン著／伏野久美子・木村春美訳，関田一彦監修『先生のためのアイデアブック——協同学習の基本原則とテクニック』日本協同教育学会，2005.
ネットワーク編集委員会編『活動中心の授業をつくる——ワークショップ×協同学習』授業づくりネットワーク No.1・通巻309号，学事出版，2011.

渡部淳＋獲得型教育研究会編『AL 型授業が活性化する　参加型アクティビティ入門』学事出版，2018.

第 10 章
天城勲監訳『学習：秘められた宝──ユネスコ「21 世紀教育国際委員会」報告書』ぎょうせい，1997.
海外子女文芸作品コンクール 35 周年記念作文選集『海外で暮らして──体験したこと、学んだこと』海外子女教育振興財団，2016.
野口昇『ユネスコ 50 年の歩みと展望──心のなかに平和のいしずえを』シングルカット，1996.

資料編

1. 教育基本法　　　　　　　前文、全文
2. 高等学校学習指導要領　　第1款から第3款まで
3. ユネスコ学習権宣言　　　全文
4. ユネスコ国際教育指針　　「目標」から「教育学に関して」まで
5. ユネスコ児童の権利条約　前文、第27条から31条まで
6. ユネスコ21世紀教育国際委員会報告書　第2部第4章

1. 教育基本法
（平成18年12月22日　法律第120号）

前文

　我々日本国民は、たゆまぬ努力によって築いてきた民主的で文化的な国家を更に発展させるとともに、世界の平和と人類の福祉の向上に貢献することを願うものである。

　我々は、この理想を実現するため、個人の尊厳を重んじ、真理と正義を希求し、公共の精神を尊び、豊かな人間性と創造性を備えた人間の育成を期するとともに、伝統を継承し、新しい文化の創造を目指す教育を推進する。

　ここに、我々は、日本国憲法の精神にのっとり、我が国の未来を切り拓く教育の基本を確立し、その振興を図るため、この法律を制定する。

第1章　教育の目的及び理念

（教育の目的）

第1条　教育は、人格の完成を目指し、平和で民主的な国家及び社会の形成者として必要な資質を備えた心身ともに健康な国民の育成を期して行われなければならない。

（教育の目標）

第2条　教育は、その目的を実現するため、学問の自由を尊重しつつ、次に掲げる目標を達成するよう行われるものとする。

一　幅広い知識と教養を身に付け、真理を求める態度を養い、豊かな情操と道徳心を培うとともに、健やかな身体を養うこと。

二　個人の価値を尊重して、その能力を伸ばし、創造性を培い、自主及び自律の精神を養うとともに、職業及び生活との関連を重視し、勤労を重んずる態度を養うこと。

三　正義と責任、男女の平等、自他の敬愛と協力を重んずるとともに、公共の精神に基づき、主体的に社会の形成に参画し、その発展に寄与する態度を養うこと。

四　生命を尊び、自然を大切にし、環境の保全に寄与する態度を養うこと。

五 伝統と文化を尊重し、それらをはぐくんできた我が国と郷土を愛するとともに、他国を尊重し、国際社会の平和と発展に寄与する態度を養うこと。

（生涯学習の理念）
第3条 国民一人一人が、自己の人格を磨き、豊かな人生を送ることができるよう、その生涯にわたって、あらゆる機会に、あらゆる場所において学習することができ、その成果を適切に生かすことのできる社会の実現が図られなければならない。

（教育の機会均等）
第4条 すべて国民は、ひとしく、その能力に応じた教育を受ける機会を与えられなければならず、人種、信条、性別、社会的身分、経済的地位又は門地によって、教育上差別されない。
2 国及び地方公共団体は、障害のある者が、その障害の状態に応じ、十分な教育を受けられるよう、教育上必要な支援を講じなければならない。
3 国及び地方公共団体は、能力があるにもかかわらず、経済的理由によって修学が困難な者に対して、奨学の措置を講じなければならない。

第2章 教育の実施に関する基本

（義務教育）
第5条 国民は、その保護する子に、別に法律で定めるところにより、普通教育を受けさせる義務を負う。
2 義務教育として行われる普通教育は、各個人の有する能力を伸ばしつつ社会において自立的に生きる基礎を培い、また、国家及び社会の形成者として必要とされる基本的な資質を養うことを目的として行われるものとする。
3 国及び地方公共団体は、義務教育の機会を保障し、その水準を確保するため、適切な役割分担及び相互の協力の下、その実施に責任を負う。
4 国又は地方公共団体の設置する学校における義務教育については、授業料を徴収しない。

（学校教育）
第6条 法律に定める学校は、公の性質を有するものであって、国、地方公共団体及び法律に定める法人のみが、これを設置することができる。
2 前項の学校においては、教育の目標が達成されるよう、教育を受ける者の心身の発達に応じて、体系的な教育が組織的に行われなければならない。この場合において、教育を受ける者が、学校生活を営む上で必要な規律を重んずるとともに、自ら進んで学習に取り組む意欲を高めることを重視して行われなければならない。

（大学）
第7条 大学は、学術の中心として、高い教養と専門的能力を培うとともに、深く真理を探究して新たな知見を創造し、これらの成果を広く社会に提供することにより、社会の発展に寄与するものとする。
2 大学については、自主性、自律性その他の大学における教育及び研究の特性が尊重されなければならない。

（私立学校）
第8条　私立学校の有する公の性質及び学校教育において果たす重要な役割にかんがみ、国及び地方公共団体は、その自主性を尊重しつつ、助成その他の適当な方法によって私立学校教育の振興に努めなければならない。
（教員）
第9条　法律に定める学校の教員は、自己の崇高な使命を深く自覚し、絶えず研究と修養に励み、その職責の遂行に努めなければならない。
2　前項の教員については、その使命と職責の重要性にかんがみ、その身分は尊重され、待遇の適正が期せられるとともに、養成と研修の充実が図られなければならない。
（家庭教育）
第10条　父母その他の保護者は、子の教育について第一義的責任を有するものであって、生活のために必要な習慣を身に付けさせるとともに、自立心を育成し、心身の調和のとれた発達を図るよう努めるものとする。
2　国及び地方公共団体は、家庭教育の自主性を尊重しつつ、保護者に対する学習の機会及び情報の提供その他の家庭教育を支援するために必要な施策を講ずるよう努めなければならない。
（幼児期の教育）
第11条　幼児期の教育は、生涯にわたる人格形成の基礎を培う重要なものであることにかんがみ、国及び地方公共団体は、幼児の健やかな成長に資する良好な環境の整備その他適当な方法によって、その振興に努めなければならない。
（社会教育）
第12条　個人の要望や社会の要請にこたえ、社会において行われる教育は、国及び地方公共団体によって奨励されなければならない。
2　国及び地方公共団体は、図書館、博物館、公民館その他の社会教育施設の設置、学校の施設の利用、学習の機会及び情報の提供その他の適当な方法によって社会教育の振興に努めなければならない。
（学校、家庭及び地域住民等の相互の連携協力）
第13条　学校、家庭及び地域住民その他の関係者は、教育におけるそれぞれの役割と責任を自覚するとともに、相互の連携及び協力に努めるものとする。
（政治教育）
第14条　良識ある公民として必要な政治的教養は、教育上尊重されなければならない。
2　法律に定める学校は、特定の政党を支持し、又はこれに反対するための政治教育その他政治的活動をしてはならない。
（宗教教育）
第15条　宗教に関する寛容の態度、宗教に関する一般的な教養及び宗教の社会生活における地位は、教育上尊重されなければならない。
2　国及び地方公共団体が設置する学校は、特定の宗教のための宗教教育その他宗教的活動をしてはならない。

第3章　教育行政

（教育行政）

第16条　教育は，不当な支配に服することなく，この法律及び他の法律の定めるところにより行われるべきものであり，教育行政は，国と地方公共団体との適切な役割分担及び相互の協力の下，公正かつ適正に行われなければならない。

2　国は，全国的な教育の機会均等と教育水準の維持向上を図るため，教育に関する施策を総合的に策定し，実施しなければならない。

3　地方公共団体は，その地域における教育の振興を図るため，その実情に応じた教育に関する施策を策定し，実施しなければならない。

4　国及び地方公共団体は，教育が円滑かつ継続的に実施されるよう，必要な財政上の措置を講じなければならない。

（教育振興基本計画）

第17条　政府は，教育の振興に関する施策の総合的かつ計画的な推進を図るため，教育の振興に関する施策についての基本的な方針及び講ずべき施策その他必要な事項について，基本的な計画を定め，これを国会に報告するとともに，公表しなければならない。

2　地方公共団体は，前項の計画を参酌し，その地域の実情に応じ，当該地方公共団体における教育の振興のための施策に関する基本的な計画を定めるよう努めなければならない。

第4章　法令の制定

第18条　この法律に規定する諸条項を実施するため，必要な法令が制定されなければならない。

2. 高等学校学習指導要領

（平成30年改訂）

第1章　総　則

第1款　高等学校教育の基本と教育課程の役割

1　各学校においては，教育基本法及び学校教育法その他の法令並びにこの章以下に示すところに従い，生徒の人間として調和のとれた育成を目指し，生徒の心身の発達の段階や特性，課程や学科の特色及び学校や地域の実態を十分考慮して，適切な教育課程を編成するものとし，これらに掲げる目標を達成するよう教育を行うものとする。

2　学校の教育活動を進めるに当たっては，各学校において，第3款の1に示す主体的・対話的で深い学びの実現に向けた授業改善を通して，創意工夫を生かした特色ある教育活動を展開する中で，次の(1)から(3)までに掲げる事項の実現を図り，生徒に生きる力を育むことを目指すものとする。

(1) 基礎的・基本的な知識及び技能を確実に習得させ，これらを活用して課題を解決す

るために必要な思考力,判断力,表現力等を育むとともに,主体的に学習に取り組む態度を養い,個性を生かし多様な人々との協働を促す教育の充実に努めること。その際,生徒の発達の段階を考慮して,生徒の言語活動など,学習の基盤をつくる活動を充実するとともに,家庭との連携を図りながら,生徒の学習習慣が確立するよう配慮すること。
(2) 道徳教育や体験活動,多様な表現や鑑賞の活動等を通して,豊かな心や創造性の涵養を目指した教育の充実に努めること。学校における道徳教育は,人間としての在り方生き方に関する教育を学校の教育活動全体を通じて行うことによりその充実を図るものとし,各教科に属する科目(以下「各教科・科目」という。),総合的な探究の時間及び特別活動(以下「各教科・科目等」という。)のそれぞれの特質に応じて,適切な指導を行うこと。道徳教育は,教育基本法及び学校教育法に定められた教育の根本精神に基づき,生徒が自己探求と自己実現に努め国家・社会の一員としての自覚に基づき行為しうる発達の段階にあることを考慮し,人間としての在り方生き方を考え,主体的な判断の下に行動し,自立した人間として他者と共によりよく生きるための基盤となる道徳性を養うことを目標とすること。道徳教育を進めるに当たっては,人間尊重の精神と生命に対する畏敬の念を家庭,学校,その他社会における具体的な生活の中に生かし,豊かな心をもち,伝統と文化を尊重し,それらを育んできた我が国と郷土を愛し,個性豊かな文化の創造を図るとともに,平和で民主的な国家及び社会の形成者として,公共の精神を尊び,社会及び国家の発展に努め,他国を尊重し,国際社会の平和と発展や環境の保全に貢献し未来を拓く主体性のある日本人の育成に資することとなるよう特に留意すること。
(3) 学校における体育・健康に関する指導を,生徒の発達の段階を考慮して,学校の教育活動全体を通じて適切に行うことにより,健康で安全な生活と豊かなスポーツライフの実現を目指した教育の充実に努めること。特に,学校における食育の推進並びに体力の向上に関する指導,安全に関する指導及び心身の健康の保持増進に関する指導については,保健体育科,家庭科及び特別活動の時間はもとより,各教科・科目及び総合的な探究の時間などにおいてもそれぞれの特質に応じて適切に行うよう努めること。また,それらの指導を通して,家庭や地域社会との連携を図りながら,日常生活において適切な体育・健康に関する活動の実践を促し,生涯を通じて健康・安全で活力ある生活を送るための基礎が培われるよう配慮すること。

3 2の(1)から(3)までに掲げる事項の実現を図り,豊かな創造性を備え持続可能な社会の創り手となることが期待される生徒に,生きる力を育むことを目指すに当たっては,学校教育全体及び各教科・科目等の指導を通してどのような資質・能力の育成を目指すのかを明確にしながら,教育活動の充実を図るものとする。その際,生徒の発達の段階や特性等を踏まえつつ,次に掲げることが偏りなく実現できるようにするものとする。
(1) 知識及び技能が習得されるようにすること。
(2) 思考力,判断力,表現力等を育成すること。
(3) 学びに向かう力,人間性等を涵養すること。

4 学校においては，地域や学校の実態等に応じて，就業やボランティアに関わる体験的な学習の指導を適切に行うようにし，勤労の尊さや創造することの喜びを体得させ，望ましい勤労観，職業観の育成や社会奉仕の精神の涵養に資するものとする。
5 各学校においては，生徒や学校，地域の実態を適切に把握し，教育の目的や目標の実現に必要な教育の内容等を教科等横断的な視点で組み立てていくこと，教育課程の実施状況を評価してその改善を図っていくこと，教育課程の実施に必要な人的又は物的な体制を確保するとともにその改善を図っていくことなどを通して，教育課程に基づき組織的かつ計画的に各学校の教育活動の質の向上を図っていくこと（以下「カリキュラム・マネジメント」という。）に努めるものとする。

第2款　教育課程の編成
1 各学校の教育目標と教育課程の編成　教育課程の編成に当たっては，学校教育全体や各教科・科目等における指導を通して育成を目指す資質・能力を踏まえつつ，各学校の教育目標を明確にするとともに，教育課程の編成についての基本的な方針が家庭や地域とも共有されるよう努めるものとする。その際，第4章の第2の1に基づき定められる目標との関連を図るものとする。
2 教科等横断的な視点に立った資質・能力の育成
(1) 各学校においては，生徒の発達の段階を考慮し，言語能力，情報活用能力（情報モラルを含む。），問題発見・解決能力等の学習の基盤となる資質・能力を育成していくことができるよう，各教科・科目等の特質を生かし，教科等横断的な視点から教育課程の編成を図るものとする。
(2) 各学校においては，生徒や学校，地域の実態及び生徒の発達の段階を考慮し，豊かな人生の実現や災害等を乗り越えて次代の社会を形成することに向けた現代的な諸課題に対応して求められる資質・能力を，教科等横断的な視点で育成していくことができるよう，各学校の特色を生かした教育課程の編成を図るものとする。

（中略）

第3款　教育課程の実施と学習評価
1 主体的・対話的で深い学びの実現に向けた授業改善各教科・科目等の指導に当たっては，次の事項に配慮するものとする。
(1) 第1款の3の(1)から(3)までに示すことが偏りなく実現されるよう，単元や題材など内容や時間のまとまりを見通しながら，生徒の主体的・対話的で深い学びの実現に向けた授業改善を行うこと。特に，各教科・科目等において身に付けた知識及び技能を活用したり，思考力，判断力，表現力等や学びに向かう力，人間性等を発揮させたりして，学習の対象となる物事を捉え思考することにより，各教科・科目等の特質に応じた物事を捉える視点や考え方（以下「見方・考え方」という。）が鍛えられていくことに留意し，生徒が各教科・科目等の特質に応じた見方・考え方を働かせながら，知識を相互に関連付けてより深く理解したり，情報を精査して考えを形成したり，問題を見いだして解決策を考えたり，思いや考えを基に創造したりすることに向かう過程を重視した学習の充実を図ること。
(2) 第2款の2の(1)に示す言語能力の育成を図るため，各学校において必要な言語環

境を整えるとともに，国語科を要としつつ各教科・科目等の特質に応じて，生徒の言語活動を充実すること。あわせて，(6)に示すとおり読書活動を充実すること。
(3) 第2款の2の(1)に示す情報活用能力の育成を図るため，各学校において，コンピュータや情報通信ネットワークなどの情報手段を活用するために必要な環境を整え，これらを適切に活用した学習活動の充実を図ること。また，各種の統計資料や新聞，視聴覚教材や教育機器などの教材・教具の適切な活用を図ること。
(4) 生徒が学習の見通しを立てたり学習したことを振り返ったりする活動を，計画的に取り入れるように工夫すること。
(5) 生徒が生命の有限性や自然の大切さ，主体的に挑戦してみることや多様な他者と協働することの重要性などを実感しながら理解することができるよう，各教科・科目等の特質に応じた体験活動を重視し，家庭や地域社会と連携しつつ体系的・継続的に実施できるよう工夫すること。
(6) 学校図書館を計画的に利用しその機能の活用を図り，生徒の主体的・対話的で深い学びの実現に向けた授業改善に生かすとともに，生徒の自主的，自発的な学習活動や読書活動を充実すること。また，地域の図書館や博物館，美術館，劇場，音楽堂等の施設の活用を積極的に図り，資料を活用した情報の収集や鑑賞等の学習活動を充実すること。

2 学習評価の充実学習評価の実施に当たっては，次の事項に配慮するものとする。
(1) 生徒のよい点や進歩の状況などを積極的に評価し，学習したことの意義や価値を実感できるようにすること。また，各教科・科目等の目標の実現に向けた学習状況を把握する観点から，単元や題材など内容や時間のまとまりを見通しながら評価の場面や方法を工夫して，学習の過程や成果を評価し，指導の改善や学習意欲の向上を図り，資質・能力の育成に生かすようにすること。
(2) 創意工夫の中で学習評価の妥当性や信頼性が高められるよう，組織的かつ計画的な取組を推進するとともに，学年や学校段階を越えて生徒の学習の成果が円滑に接続されるように工夫すること。

(以下略)

3. ユネスコ学習権宣言

(1985年3月29日採択)

　学習権を承認するか否かは、人類にとって、これまでにもまして重要な課題となっている。
　学習権とは、
　　読み書きの権利であり、
　　問い続け、深く考える権利であり、
　　想像し、創造する権利であり、
　　自分自身の世界を読みとり、歴史をつづる権利であり、

あらゆる教育の手だてを得る権利であり、

個人的・集団的力量を発揮させる権利である。

　成人教育パリ会議は、この権利の重要性を再確認する。学習権は未来のためにとっておかれる文化的ぜいたく品ではない。それは、生存の欲求が満たされたあとに行使されるようなものではない。学習権は、人間の生存にとって不可欠な手段である。

　もし、世界の人々が、食糧の生産やその他の基本的な人間の欲求が満たされることを望むならば、世界の人々は学習権をもたなければならない。

　もし、女性も男性も、より健康な生活を営もうとするなら、彼らは学習権をもたなければならない。もし、わたしたちが戦争を避けようとするなら、平和に生きることを学びお互いに理解し合うことを学ばねばならない。

　"学習"こそはキーワードである。

　学習権なくしては、人間的発達はありえない。

　学習権なくしては、農業や工業の躍進も地域の健康の増進もなく、そして、さらに学習条件の改善もないであろう。

　この権利なしには、都市や農村で働く人たちの生活水準の向上もないであろう。

　端的にいえば、このような学習権を理解することは、今日の人類にとって決定的に重要な諸問題を解決するために、わたしたちがなしうる最善の貢献の一つなのである。

　しかし、学習権はたんなる経済発展の手段ではない。それは基本的権利の一つとしてとらえられなければならない。学習活動はあらゆる教育活動の中心に位置づけられ、人々を、なりゆきまかせの客体から、自らの歴史をつくる主体にかえていくものである。

　それは基本的人権の一つであり、その正当性は普遍的である。学習権は、人類の一部のものに限定されてはならない。すなわち、男性や工業国や有産階級や、学校教育を受けられる幸運な若者たちだけの、排他的特権であってはならない。

　本パリ会議は、すべての国に対し、この権利を具体化し、すべての人々が効果的にそれを行使するのに必要な条件をつくるように要望する。そのためには、あらゆる人的・物的資源がととのえられ、教育制度がより公正な方向で再検討され、さらにさまざまな地域で成果をあげている手段や方法が参考となろう。

　わたしたちは、政府・非政府双方のあらゆる組織が、国連、ユネスコ、その他の専門機関と協力して、世界的にこの権利を実現する活動をすすめることを切望する。

　エルシノア、モントリオール、東京、パリと続いたユネスコ会議で、成人教育の大きな前進が記されたにもかかわらず、一方には問題の規模の大きさと複雑さがあり、他方には適切な解決法を見出す個人やグループの力量の問題があり、そのギャップはせばめられてはいない。

　1985年3月、ユネスコ本部で開かれた第4回国際成人教育会議は、現代の問題のスケールの大きさにもかかわらず、いやそれだからこそ、これまでの会議でおこなわれたアピールをくり返しのべて、あらゆる国につぎのことを要請する。すべての国は、成人教育の活動においても、サービスにおいてもたしかな発展をとげるために、大胆で想像力に満ちた努力をおこなうべきである。そのことによって、女性も男性も、個人としても集団としても、その目的や条件や実施上の手順を自分たちできめることができるような

タイプの成人教育を発展させるのに必要な、教育的・文化的・科学的・技術的蓄積を、わがものとなしうるのである。

　この会議は、女性と婦人団体が貢献してきた人間関係における新しい方向づけとそのエネルギーに注目し、賛意を表明する。その独自の経験と方法は、平和や男女間の平等のような人類の未来にかかわる基本的問題を解決するための中心的位置を占めるものである。したがって、より人間的な社会をもたらす計画のなかでの成人教育の発展に女性が参加することは、ぜひとも必要なことである。

　人類が将来どうなるか、それは誰がきめるのか。これはすべての政府・非政府組織、個人、グループが直面している問題である。これはまた、成人の教育活動に従事している人々が、そしてすべての人間が個人として、集団として、さらに人類全体として、自らの運命を自ら統御することができるようにと努力している人々が、直面している問題でもある。

（出典：堀尾輝久、河内徳子編（1998）『平和・人権・環境　教育国際資料集』青木書店）

4. ユネスコ国際教育指針
　　　（1991年3月18～22日採択）

目　標

11　国際主義をカリキュラム、教科書、他の教育的資料において記述する方法を改善していくため、目標は、態度、価値、スキルの観点から表現される。
　　4つの次元のすべてが、国際理解、国際協力、平和、人権の諸原則を総合的に推進していくために必要である。
　　これらの原則の不可分性と教育のホリスティックな特性から、目標に関する以下の表明は相互に関連するものとして考えられなければならない。

知　識

12(a)　**人々の平等**：学習者は、すべての人民の平等とすべての人民の生存と自由と自決への権利に関する信念を支える平等と民主主義の原理について理解を発展させなければならない。
　(b)　**平和の維持**：学習者は、消極的平和と積極的平和の特徴、戦争の異なる類型とそれらの原因と結果、諸国家間の経済的、文化的、政治的関係の重要性、平和の維持における国際法と集団的安全保障の重要性について理解を発展させなければならない。
　(c)　**人権**：学習者は、地域、国民、地球共同社会の市民としての権利と責任、差別の撤廃の必要性および、諸原因から生じる人権侵害その他の脅威についての理解を発展させなければならない。
　(d)　**発展**：学習者は、持続可能な開発および貧困と社会的不正義の克服という利益にもとづいて、経済成長と社会発展の間のバランスの必要性についての理解を発達させなければならない。

- (e) **環境**：学習者は、生態学的バランスや環境破壊の結果の重要性と持続可能な開発の過程を通して経済成長と環境保全のバランスの重要性の理解を発達させなければならない。
- (f) **国際理解と人類の文化遺産**：学習者は、文化的多様性、人類文化の普遍性、さらに生活の質を向上させ、世界的協力と平和に貢献する文化的遺産と伝統について理解を発達させなければならない。
- (g) **国連機構**：学習者は、国連の役割と手続、世界の諸問題解決への国連の努力、国連の活動の強化と促進のための様々な方法について理解を発達させなければならない。

態度と価値

- 13(a) **自己尊重**：学習者は、他の学習者を尊重するために自らを尊重すべきである。
- (b) **プライド**：学習者は、自分自身の固有の民族的、文化的、家族的背景へのプライドをもつべきである。
- (c) **他者尊重**：学習者は、他者とりわけ自分自身とは異なる民族的、文化的、家族的背景をもつ人々を尊重すべきである。
- (d) **生態系への関心**：学習者は、生命がクモの巣のように結びつき、維持されている自然環境とすべての場所に対して関心をもつべきである。かれらはまた、地域と地球双方の環境への責任感をもつべきである。
- (e) **平和と正義への関与**：学習者は、民主主義および平和の原理と過程を心から価値あるものと捉え、個人間、地域間、国民間、地域圏間、国際間レベルで一層正義に満ちまた平和的である世界の実現のために働くよう準備されなければならない。
- (f) **開かれた心**：学習者は、批判的にしかも開かれた心で、異なる情報源、人々、出来事に進んで接近できなければならない。
- (g) **共感**：学習者は、他の人々とりわけ自分たちと異なる集団、文化、民族に属する人々のものの見方や感情を敏感にイメージできなければならない。
- (h) **連帯**：学習者は、地域的レベルに始まる諸問題の解決究明に純粋に興味を発展させ、共通する関心事への関与を発展させなければならない。

スキル

- 14(a) **批判的思考**：学習者は、開かれた批判的精神で問題に接近することができ、新しい証拠や合理的論拠に直面したら、進んで自分の見解を変更することができなければならない。学習者は、偏見、教条、宣伝を見分けたり、それらに立ち向かうことができなければならない。
- (b) **問題解決**：学習者は、問題を解決するために学際的な接近を活用できなければならない。
- (c) **協同**：学習者は、共有する課業を他者と協働することに価値を認めることができ、共通の目標に達するために他者や他の集団と協力的に働くことができなければならない。
- (d) **想像力**：学習者は、よりよい世界とはどのようなものかを、自分自身のコミュニ

ティだけでなく、他のコミュニティ、さらに世界についても全体としてイメージを発展させることができなければならない。
- (e) **自己主張**：学習者は、明瞭かつ確信をもって他者と話し合えなければならない。それは他者の権利を否定する攻撃的な方法ではなく、また自分自身の権利を否定する消極的な方法でもない。
- (f) **対立解決**：学習者は、客観的、系統的な方法で多様な対立を分析できたり、それらの解決の展望を示唆することができなければならない。適切である場合、自分は自身で解決に取り組むことができなければならない。
- (g) **寛容**：学習者は、すべての問題がただちに解決されるのではないことを理解し、その間も最終的解決には楽観的であり続ける能力を発達させなければならない。
- (h) **参加**：学習者は、自分たちの地域、国、地域圏、国際社会の各レベルにおいて意思決定に影響を与え、参加する能力を発達させなければならない。
- (i) **コミュニケーション能力**：学習者は、他の国の人々と連絡したり、他の文化の理解を促進できるよう、少なくとも自分自身の言語に加えてもう1つの言語で意思疎通することができなければならない。

<u>カリキュラムと教育学に関して</u>

15 国際教育は制度的、非制度的教育のあらゆるレベルのすべての者に対するものである。それは知識、態度、価値、スキルの新しい分野のことではない。それは世界のすべての人々の間で理解と連帯を促進し、個人的にも、他者と協働する際にも関与することの発展を求めるものである。それはまた、すべての人々が平和と正義の原則に基づく世界の建設に参加することも求める。これらの目標の達成に向けての積極的な貢献として、すべての教科の内容と教授に役割が課されるのであり、必ずしも分離、独立した教科領域による構成を考えてはいない。

<u>カリキュラムに関して</u>

16 このような目標、カリキュラム、教科書、他の教材を達成するために、以下の事柄の促進を援助しなければならない。
　―歴史的観点の評価によって明らかにされている現在の世界状況をよりよく理解することによって、未来の計画と行動を解明することができる。
　―国連憲章と世界人権宣言を通して表現されているような人類の普遍的な価値。しかし、国際教育は多様な文化や政治的背景に注意深い方法で発展させられる必要がある。普遍的な価値と、そのような価値が法律化されたり、かれらの学習が行動に移されたりする特殊な文脈との間にはしばしば緊張が存在する。教育者はそのよな緊張に自覚的であって、しかも、生徒にそのような意識を発達させることを援助できたり、進んで援助しなければならない。
　―グローバルな経済的、社会的、政治的体制の相互依存の因果関係についての意識と理解をもたらすグローバルなものの見方。そのようなものの見方は世界情勢の急速な変化と傾向、教育における未来に対する見方も採用しなければならないという意識をもたらす。
　―他の人々、場所、文化への積極的なイメージと偏見の排除。

教育学に関して

17　国際教育は以下のような教授と学習へのアプローチを要請する。
　　―（国際教育における）態度と価値の目標は一定の認知的、知覚的能力を高めることによって達成されるといってよい。活勤には、ロール・プレイング、共感の表現、鍵となる原埋のモデル化、これらの原埋の慎重で一貫した適用、人々のふれあい、道徳的発達のより高いレベルへの向上を促す学習環境の提供などを含むだろう。
　　―国際教育で用いられる方法とそのメッセージの間の一貫性は絶対に必要である。学校の教育環境と教授・学習過程は平和・協力・正義・人権・生態系の持続可能性という目標に合致していなくてはならない。
　　―教授・学習過程は教師と生徒間、教室における生徒間の協力の実践を促進する。
　　―行動的で過程を重視する教授・学習法は常に生徒を問題と関心事の調査から解決の策定へと巻き込む。
　　―論争的問題はあらゆる観点から批判的分析を通して研究され、独断と価値相対主義を排して考察される。オルターナティブな視点と論拠を評価することにおいて、学生は研究の領域を広げたり思考のスキルを練習したり向上させたりし、自分自身の価値を発見し意見を明確にするだろう。
　　―学習経験は個々人の行動変化を通して、特に地域レベルにおける積極的な参加と社会的行動を通して問題の解決に学習者を熱中させていくよう方向づけられる。
　　―教育内容の構成と教授法は学習者の様々な年齢、能力、学習要求と関心に合致するものであること。

（出典：堀尾輝久、河内徳子編（1998）『平和・人権・環境　教育国際資料集』青木書店）

5.　ユネスコ児童の権利条約

（1989年11月20日採択、日本国1994年5月22日批准）

前　文

　この条約の締約国は、
　国際連合憲章において宣明された原則によれば、人類社会のすべての構成員の固有の尊厳及び平等のかつ奪い得ない権利を認めることが世界における自由、正義及び平和の基礎を成すものであることを考慮し、
　国際連合加盟国の国民が、国際連合憲章において、基本的人権並びに人間の尊厳及び価値に関する信念を改めて確認し、かつ、一層大きな自由の中で社会的進歩及び生活水準の向上を促進することを決意したことに留意し、
　国際連合が、世界人権宣言及び人権に関する国際規約において、すべての人は人種、皮膚の色、性、言語、宗教、政治的意見その他の意見、国民的若しくは社会的出身、財産、出生又は他の地位等によるいかなる差別もなしに同宣言及び同規約に掲げるすべての権利及び自由を享有することができることを宣明し及び合意したことを認め、

国際連合が、世界人権宣言において、児童は特別な保護及び援助についての権利を享有することができることを宣明したことを想起し、
　家族が、社会の基礎的な集団として、並びに家族のすべての構成員、特に、児童の成長及び福祉のための自然な環境として、社会においてその責任を十分に引き受けることができるよう必要な保護及び援助を与えられるべきであることを確信し、
　児童が、その人格の完全なかつ調和のとれた発達のため、家庭環境の下で幸福、愛情及び理解のある雰囲気の中で成長すべきであることを認め、
　児童が、社会において個人として生活するため十分な準備が整えられるべきであり、かつ、国際連合憲章において宣明された理想の精神並びに特に平和、尊厳、寛容、自由、平等及び連帯の精神に従って育てられるべきであることを考慮し、
　児童に対して特別な保護を与えることの必要性が、1924年の児童の権利に関するジュネーヴ宣言及び1959年11月20日に国際連合総会で採択された児童の権利に関する宣言において述べられており、また、世界人権宣言、市民的及び政治的権利に関する国際規約（特に第23条及び第24条）、経済的、社会的及び文化的権利に関する国際規約（特に第10条）並びに児童の福祉に関係する専門機関及び国際機関の規程及び関係文書において認められていることに留意し、
　児童の権利に関する宣言において示されているとおり「児童は、身体的及び精神的に未熟であるため、その出生の前後において、適当な法的保護を含む特別な保護及び世話を必要とする。」ことに留意し、
　国内の又は国際的な里親委託及び養子縁組を特に考慮した児童の保護及び福祉についての社会的及び法的な原則に関する宣言、少年司法の運用のための国際連合最低基準規則（北京規則）及び緊急事態及び武力紛争における女子及び児童の保護に関する宣言の規定を想起し、
　極めて困難な条件の下で生活している児童が世界のすべての国に存在すること、また、このような児童が特別の配慮を必要としていることを認め、
　児童の保護及び調和のとれた発達のために各人民の伝統及び文化的価値が有する重要性を十分に考慮し、
　あらゆる国特に開発途上国における児童の生活条件を改善するために国際協力が重要であることを認めて、
　次のとおり協定した。

第1部
（中略）
第27条
1　締約国は、児童の身体的、精神的、道徳的及び社会的な発達のための相当な生活水準についてのすべての児童の権利を認める。
2　父母又は児童について責任を有する他の者は、自己の能力及び資力の範囲内で、児童の発達に必要な生活条件を確保することについての第一義的な責任を有する。
3　締約国は、国内事情に従い、かつ、その能力の範囲内で、1の権利の実現のため、父

母及び児童について責任を有する他の者を援助するための適当な措置をとるものとし、また、必要な場合には、特に栄養、衣類及び住居に関して、物的援助及び支援計画を提供する。
4 締約国は、父母又は児童について金銭上の責任を有する他の者から、児童の扶養料を自国内で及び外国から、回収することを確保するためのすべての適当な措置をとる。特に、児童について金銭上の責任を有する者が児童と異なる国に居住している場合には、締約国は、国際協定への加入又は国際協定の締結及び他の適当な取決めの作成を促進する。

第28条

1 締約国は、教育についての児童の権利を認めるものとし、この権利を漸進的にかつ機会の平等を基礎として達成するため、特に、
(a) 初等教育を義務的なものとし、すべての者に対して無償のものとする。
(b) 種々の形態の中等教育（一般教育及び職業教育を含む。）の発展を奨励し、すべての児童に対し、これらの中等教育が利用可能であり、かつ、これらを利用する機会が与えられるものとし、例えば、無償教育の導入、必要な場合における財政的援助の提供のような適当な措置をとる。
(c) すべての適当な方法により、能力に応じ、すべての者に対して高等教育を利用する機会が与えられるものとする。
(d) すべての児童に対し、教育及び職業に関する情報及び指導が利用可能であり、かつ、これらを利用する機会が与えられるものとする。
(e) 定期的な登校及び中途退学率の減少を奨励するための措置をとる。
2 締約国は、学校の規律が児童の人間の尊厳に適合する方法で及びこの条約に従って運用されることを確保するためのすべての適当な措置をとる。
3 締約国は、特に全世界における無知及び非識字の廃絶に寄与し並びに科学上及び技術上の知識並びに最新の教育方法の利用を容易にするため、教育に関する事項についての国際協力を促進し、及び奨励する。これに関しては、特に、開発途上国の必要を考慮する。

第29条

1 締約国は、児童の教育が次のことを指向すべきことに同意する。
(a) 児童の人格、才能並びに精神的及び身体的な能力をその可能な最大限度まで発達させること。
(b) 人権及び基本的自由並びに国際連合憲章にうたう原則の尊重を育成すること。
(c) 児童の父母、児童の文化的同一性、言語及び価値観、児童の居住国及び出身国の国民的価値観並びに自己の文明と異なる文明に対する尊重を育成すること。
(d) すべての人民の間の、種族的、国民的及び宗教的集団の間の並びに原住民である者の理解、平和、寛容、両性の平等及び友好の精神に従い、自由な社会における責任ある生活のために児童に準備させること。
(e) 自然環境の尊重を育成すること。
2 この条又は前条のいかなる規定も、個人及び団体が教育機関を設置し及び管理する

自由を妨げるものと解してはならない。ただし、常に、1に定める原則が遵守されること及び当該教育機関において行われる教育が国によって定められる最低限度の基準に適合することを条件とする。

第30条

種族的、宗教的若しくは言語的少数民族又は原住民である者が存在する国において、当該少数民族に属し又は原住民である児童は、その集団の他の構成員とともに自己の文化を享有し、自己の宗教を信仰しかつ実践し又は自己の言語を使用する権利を否定されない。

第31条

1 締約国は、休息及び余暇についての児童の権利並びに児童がその年齢に適した遊び及びレクリエーションの活動を行い並びに文化的な生活及び芸術に自由に参加する権利を認める。

2 締約国は、児童が文化的及び芸術的な生活に十分に参加する権利を尊重しかつ促進するものとし、文化的及び芸術的な活動並びにレクリエーション及び余暇の活動のための適当かつ平等な機会の提供を奨励する。（以下略）

6. ユネスコ21世紀教育国際委員会報告書

（1996年報告）

第2部　教育の諸原則
第4章　学習の四本柱

　来るべき世紀においては、コミュニケーションあるいは情報の伝達や蓄積に関して、かつて存在しなかったような手段がもたらされると予想されるが、そのことによって教育は、相互矛盾とも見えるような二つの要求に応えることを余儀なくされそうである。まず教育は、知識万能型の文明に適応した、絶えず進歩し増加の一途をたどる知見やノウハウを伝達しなければならない。というのも、このことが将来における技能や資格の基盤となるからである。一方で教育は、洪水のような情報過多（その多くが一過性であり、公共や個人の場に臆面もなく進入してくる）に人々が押しつぶされないようにすると同時に、個人の完成や社会の発展目標を見失わないような規範を見いだし、それを示してゆかなければならないのである。すなわち教育はこれまでもそうであったが、絶えず激動する複雑な世界の海図であると同時に、たどるべき道を人々に指し示す羅針盤でもなければならないのである。

　このように未来を見据えてみると、教育に課せられた伝統的な要求である知識量を増大させるだけでは、もはや適切とはいえなくなっているのである。子供の一人ひとりに早いうちから知識を詰め込んで、長じるに及んでそれを小出しに利用するということでは済まなくなっており、個々人が自らの知識や技能、あるいは意見を豊かに拡げ、転変きわまりなく複雑で相互依存的な世界に適応できるよう、生涯を通じて学習する機会を得なければならないのである。

教育がこのような新たな使命に取り組むためには、教育を四つの基本の上に再構築しなければならない。その四つの基本とは生涯を通じた学習のための四本柱ともいうものである。それらはまず、理解の手段を獲得するための「知ることを学ぶ」であり、次いで自らの置かれた環境の中で創造的に行動するための「為すことを学ぶ」であり、第三の柱は社会のすべての営みに参画し協力するために「共に生きることを学ぶ」、そして最後に、先の三つの柱から必然的に導き出される過程としての「人間として生きることを学ぶ」が挙げられる。いうまでもなく学習のためのこの四本柱は、それぞれが多くの接点をもち、また交差しており、要するに不可分の一体をなしているのである。

　ところで学校教育は、全くというわけではないにしても、伝統的に主として「知ることを学ぶ」と、次いで「為すことを学ぶ」を重視しており、他の二つの柱は大部分偶然の産物か、せいぜい前二者からの当然の帰結に過ぎないものであった。本委員会は、教育を知識と実践の両面において、人間（個人としてだけでなく、社会の一員としても）の一生を通じた全体的な経験として捉えるためには、あらゆる学習活動のなかで、これらの四本柱はそれぞれ同等の配慮が払われるべきであると信じるものである。

　われわれの委員会はその作業の開始当初より、来るべき世紀における諸課題に対処するには、教育目的や人々の教育に対する期待が必然的にこれまでとは異なったものにならざるを得ないと考えてきた。より広い視野で教育を捉えた場合、それは個人の創造的能力を発見して引き出し、豊かにさせることであり、またわれわれ一人ひとりのうちに隠されている宝に陽の目をみさせることだといっても過言ではないであろう。すなわち教育を特定の目的（知識や資格、あるいは経済的な可能性の向上など）の達成手段として捉えるだけでなく、全き人間への発展過程と考えるべきなのであろう。これを端的に表現すれば、「人間として生きることを学ぶ」ということになる。

知ることを学ぶ——Learning to know

　この学習は単に、マニュアル化されたり体系化されている情報を獲得するという以上に、知識の獲得の手段そのものを習得することであり、別のいい方をすれば、人生の手段であると同時に目的でもある。手段という意味は、この学習が少なくとも個々人に尊厳をもって生きることができるよう、自らを取りまく諸環境の理解を促し、労働のための技能を発展させ、他者と交わる能力を賦与するということであり、目的という意味は、その基底には理解したり、知ったり、発見したりする喜びがあるからである。今日の社会生活においては実学が重要であるために、実益に直結しないことを学ぶのはあまり一般的ではないが、人生において学習期間が長くなり、余暇が増えると、自分だけの勉強の喜びに目覚める大人が増えてくるはずである。知識のすそ野が拡がり、自らを取りまく環境の種々の側面を理解するようになれば、知的好奇心が旺盛になり、批判精神が刺激され、独自の判断力をもって現実を直視することができるようになろう。こうしたことから、どこで育っているにしても、すべての子供はものごとを科学的にみる見方を学習し、人生を通じて科学の友となるように適切に指導すべきなのである。そして中・高等教育段階においては生徒・学生に、科学を発展させ、現代世界のパラダイムの決定要因としての方法論や概念、あるいは主導的な思想などについて、基本的な訓練を施すべ

きである。
　しかしながら、知識というものは複雑を極め、かつ転変きわまりないものであって、基礎教育後にあらゆるものごとの知識を得させようとすることは無意味である。全方位的知識などというものは幻想に過ぎない。とはいえ、専門分化を志すことによって、一般教養までも投げ捨ててはならない。このことは将来研究者になろうとする者にとっても同様である。すなわち「今日、十分に訓練された知的精神は、幅広い一般教養をもちながら、限られた事柄について深く研究をする機会を必要としており、学習のすべての過程を通じて、これら双方の必要性が満たされなければならない」のである。
　一般教養によって人は他言語を習得したり、多様な分野の知識に接したりしながら、何よりもまず他人とのコミュニケーションが可能になるのである。自らの専門の中に埋没した専門家は、他人が何をしているのかを知ろうとする関心を失ってしまう危険性をはらんでおり、いかなる状況下にあっても他者と協力することが困難になってしまう。加えて、特定の時や場所における異なった社会を結びつけたり、他の分野の知識に理解を示したり、さらには異なった学問分野の間の協調作業を可能とするものこそ一般教養なのである。特に研究活動における著しい知識の進展は、異なった学問分野の境界において成し遂げられることが多いのである。
　「知ることを学ぶ」には、まず集中力や記憶力や思考力を動員して、"いかに学ぶか"を学ばねばならない。特にテレビの影響の強い社会にあっては、幼少時から物ごとや他者に対する注意力をいかに集中するかを学ばねばなるまい。マスメディアが矢継ぎばやに流す情報や、テレビのチャンネルを絶え間なく変えてゆく悪習は、物ごとを発見するというプロセスにとって大いに有害なのである。発見というのは、時間がかかり、また受け取った情報を十分に消化しなければならないものだからである。集中力を習得する方法はいろいろあり、きわめて多様な状況（たとえばゲーム、企業実習、旅行、理科の実験、等々）を利用することが可能であろう。
　記憶力を利用することは、マスメディアがたれ流す一過性の情報の害毒に対処する格好の処方箋である。情報を蓄積し、普及する人工的な手段に現代人が大いに恵まれていることは確かだが、だからといって、もはや記憶力などに頼る必要はないと思うのは危険である。もちろん記憶に留めるべき事柄についての取捨選択は必要ではあるが、連想に基づく記憶力という人間本来の能力は、人工的な装置によって代替され得るものではなく、これを注意深く育てる必要がある。記憶力の訓練は幼少時から行うべきであり、学校の授業における伝統的な暗記学習は退屈であっても、やめてしまうことは適当でないというのが専門家の一致した意見である。
　思考力を用いることはまず親から学び、次いで学校の教師から学ぶものであるが、これは具体的事象と抽象的事象の双方にまたがるものでなければならない。だから授業や学習においても、具体的思考と抽象的思考という一方は演繹的で他方は帰納的な、したがって往々にして拮抗する二つの方法を結びつけることが肝要であろう。課目によってどちらが大切かという違いはあるだろうが、いずれの場合もこの二つを結びつけるところに、バランスのとれた思考力が育つのである。
　知識の獲得は不断の過程であり、あらゆる経験によって豊かになってゆくものであっ

て、そういう意味からすると、職業が定型的なものでなくなるにつれて、知識の獲得と職業経験はますます輻輳し合うようになってゆくに違いない。基本的な学校教育が、生涯を通じて（職場の中にあっても外にあっても）学習を続けられるような刺激と基礎を与えることができれば、その教育は成功したといって過言ではなかろう。

為すことを学ぶ——Learning to do

「知ることを学ぶ」と「為すことを学ぶ」とは、ほとんど不可分のものであるが、「為すことを学ぶ」というのは、子供たちが知識をいかに実践に結びつけるか、そして何を職業として選択するかまだ確実ではないにしても、学習をいかに将来の仕事と結びつけるかという意味で、職業訓練と密接に関係しているのである。本委員会は、特にこの後者の問題に答えてみたいと思う。

この問題に関しては、主として給与支給型の企業的経済と、それ以外のいまだに個人的あるいは非定型的な経済とに区別したほうがよかろう。今世紀を通じて産業の形態が変化するにつれて発展してきた給与支給型社会においては、機械が肉体労働に取って代わってきたことによって、肉体労働の価値を減少させ、そのかわりに製造業にあっても知識を重視する労働や、さらにはサービス産業が主流を占めるようになってきた。このために企業的職種の将来は、知識の進歩をいかに新たな職業や雇用を生み出す改革に結びつけるかという能力にかかっているといえよう。だから「為すことを学ぶ」ということの意味も、もはやかつてのように単純に、人が何かを製造することに貢献できるように、明確に定義された実用的な仕事について訓練するというものではなくなっている。つまり、学習そのものが変化して、大なり小なり型にはまった実用的な知識を伝授すればこと足れりというわけにはいかないのである。

(1) 技能資格から能力へ

工場において特に機械技師や技術者にとっては、生産過程での知識や情報の重要性が増大しつつあるおかげで、専門的な技能資格というものがあまり意味をなさなくなり、むしろ個人の能力が重視されるようになってきた。科学技術の発達は、生産過程を変化させ、その結果、必要な資格のあり方も不可避的に変わってきたのである。単純な肉体労働は、機械の管理、維持、監視といったより知的で精神的な労働や、設計、調査、企画などの業務に取って代わられつつある。というのも、機械そのものが「知的」になっており、作業過程のなかで必要とされる肉体労働の割合が減少しているのである。

あらゆる職種において技能資格が高度化していることについては、いくつもの理由がある。従業員の作業形態に関していえば、たとえば日本の企業が実施してきたように、共同作業やプロジェクト・チーム方式が個人作業や固定した分業方式に取って代わりつつあり、一方では作業の専門分化が作業員の代替可能性を減少せしめているのである。かくして雇用者側は、きわめて限定された実用的な知識やノウハウと結びついた技能資格だけよりも、技術教育や職業教育によって獲得された厳密な意味での技能資格に加えて、社会常識や共同作業への適性、やる気、冒険心などが渾然一体となった個人の能力を重視するようになっているのである。

雇用者側が期待する新たな能力もさることながら、時代の変化の担い手としての労働

者の自覚も不可欠であり、「ライフ・スキル」と呼ばれるきわめて主観的な個人の資質（生まれながらにしてもっているものもあれば、学習されたものもある）と知識やノウハウとが相まってこそ、真に有能な人材と目されることはいうまでもない。このことこそ、本委員会がこれまでに強調してきたように、学習のあらゆる側面と教育とを結びつける事例なのである。個人の資質のなかでも、とりわけコミュニケーション能力、協調性、管理能力、問題解決能力などが重要性を増しつつあり、このことは特にサービス産業において顕著な傾向となっている。

(2) 「非物質的」労働とサービス産業の興隆

サービス産業の量的・質的拡大を目の当たりにするとき、高度産業の非物質化が教育に与える影響は絶大なものがある。サービス産業といっても実に様々な形態があり、それを定義するにはそれ以外のものを列挙するほか方法はない。すなわち、工場でも農業でもない産業であり、態様は様々であっても、おしなべて「モノ」を生産しない産業であるといってよかろう。

サービス産業に共通している特性としては、人と人との関係に依存していることといえよう。これは経済活動の輻輳化にともなって顕著になっている市場経済の分野（たとえばあらゆる種類の専門家、技術指導やコンサルタント業、金融・会計・管理業務など）においても、また伝統的な非市場経済の分野（たとえばレジャー産業、教育、保健など）においても共通している。いずれの場合においても、情報とコミュニケーションが最重要手段であり、個人が特定の目的のために特定の情報をいかに把握して利用するかということが最大の眼目なのである。またサービス産業においてはどのような職種であっても、供給者と利用者の関係のあり方は利用者次第という面があって、人を訓練するにしても、地面の耕し方や鉄の作り方を教えるのとはわけが違うのは当然である。モノや技術との関係も、対人関係ほど重要ではない。だからサービス産業の発展のためには、人間的資質の開発が肝要であるが、この人間的資質というものはこれまでの伝統的な教育や訓練で獲得されるものではない。要するに、人間同士の安定した効果的な関係を確立する能力なのである。

ハイテクを駆使した将来の組織においては、人間関係の離齟が重大な機能不全を起こしかねず、したがって知的な能力よりも、むしろ態度や行動のうえでの資質が求められるようになろう。そうなると公的な資格が無いに等しい人たちにも機会が与えられ、直感力、勘のよさ、判断力、組織力などの資質をもつ人が、高い学歴や資格をもつ人たちに比べて遜色がなくなるかもしれない。これらの資質は、生まれながら多く恵まれている人もいれば、そうでない人もいるに違いないが、これらはどうやって、またいつ教えられるのだろうか。このような能力や適性を導き出すような訓練方法や内容を想像することは容易ではない。同じ問題が途上国における職業訓練にも生じてきているのである。

(3) 非定型的な経済における労働

給与支給型経済がまだ主流となっていない発展途上段階の経済にあっては、労働の質や内容はきわめて多種多様である。サハラ砂漠以南のアフリカの大半の国々や、ラテンアメリカあるいはアジアのいくつかの国では、正規な雇用形態というのはいまだにごくわずかで、国民の大半は伝統的な自給自足的経済に従事している。仕事のノウハウは伝

統的に伝えられてきたもので、就労に際しての公的な資格や技能などは存在しない。さらにこれらの国々では、学習・訓練の機能は単に個人の仕事のためだけでなく、自国の開発に公的にも私的にも寄与するという、もっと幅広い目的に添ったものでなければならないのである。だから途上国においては、職業技術は同時に社会的技術でもあるといえよう。

しかし幾つかの途上国では、農業と小規模企業が併存しており、また商業や金融といった分野もそれなりの発達をみている。近代的な色彩と昔ながらの非定型的な職種が混在しているわけだが、このような国の経済はきわめて活発である場合が多く、自国の環境に適した企業精神が育つ可能性も高いのである。

いずれにせよ、本委員会が意見を求めた途上国のすべてが、先進科学技術にアクセスできる科学的精神を獲得することが将来への課題であるが、しかし自国に特有の諸条件に添った革新と創造の能力を無視してはならないと回答しているのである。

このことがまたわれわれを、先進国・途上国の双方が直面する課題にひきもどすのである。すなわちその課題とは、人々がいかに上手に不確実性の時代に対処できるか、そしていかに未来の創造に関与できるかということである。

他者と共に生きることを学ぶ
   ——Learning to live together, Learning to live with others

この学習形態こそ今日の教育にとっての最大課題の一つであろう。現代世界はあまりにもしばしば暴力の世界と化し、人類の進歩を信じる人々を裏切ってきた。歴史をひもとけば紛争は日常茶飯事ではあったが、20世紀になってから、特に人類が自らを完全に破滅に導く途方もない能力をもってしまったために、危機的要素はずっと大きいものがある。一般大衆は紛争当事者をマスメディアを通じて無力に眺めているにすぎず、彼らは紛争の人質ともいえなくはない。教育は少なくともこれまで、このような状態を改善するために大きな寄与を果たし得たとはいえないが、他国民やその文化、あるいは価値観に対する敬意を助長することによって、紛争を回避したり、紛争を平和的に解決したりする教育というものはあり得るだろうか。

学校で非暴力を教えることは、紛争の原因ともいえる偏見を打破するための幾つかの方法の一つでしかないにしても、好ましいことではあろう。しかしこのことは容易ではない。というのも、人はごく自然に自分や自分の属する社会集団の価値を過大評価するあまり、他者に対して偏見を抱くからである。それに加えて、今日の経済活動の特質として、一国の内外を問わず一般的となっている競争のおかげで、競争心や個人の成功が優先される風潮がある。この競争が過酷な経済戦争を生み出し、豊かな人と貧しい人の間や、豊かな国と貧しい国との間に緊張を強い、さらに種々の歴史的な反目を募らせているのである。教育が競争原理を誤解して、しばしばこのような風潮を助長してきたことは残念だといわざるを得ない。

何か少しでもよいことができないだろうか。偏見や競争の危機に対処するには、単に異集団（たとえば異なった民族や宗教集団が存在する学校などにおいて）の間に接触をもたせ、コミュニケーションを図るだけでは十分でないということがこれまでの経験で

わかっている。というのも、ある環境における異集団が競合関係にあったり、平等な地位を有していなかったりした場合、このような接触はかえって潜在的な緊張関係を燃え上がらせ、紛争を煽ることになってしまうからである。しかし、もしこのような接触が平等な見地で行われ、共通の目標や目的をもって行われれば、偏見や潜在的な敵愾心を減少させ、より穏やかな協力関係と友情を芽生えさせることができるはずである。

　ということで、教育は二つの方法を採るべきであろう。すなわち、まず少しずつ他者を知らしめること、そして日常生活を通じて共通の目標を持たせるような経験をさせることである。これらの方法によって潜在的な紛争を回避し、解決することができるはずである。

(1)　他者を発見すること

　人には人種があることを教え、それと同時に異人種間にも多くの共通点があり、人はすべて相互に依存していることを教えるのが教育に課せられた任務の一つである。学校はこの二つことを児童に対して、そのごく幼少のころから教えるために、あらゆる機会を作り出さねばならない。たとえば、基礎教育段階では地理や、もう少し年長になってからは外国語や文学などの教科がこの任務には打ってつけであろう。

　他者を理解するためには、人はまず己を知らなければならない。青少年に対して確固たる世界観を植えつけるためには、教育は（学校であれ家庭であれ、あるいは地域共同体であれ）まず、彼ら自身が何ものなのかを発見する手助けをしてやらねばならない。そうしてこそはじめて彼らは他人の身になって考え、他人の反応を理解することができるようになる。学校教育の中でこのような他者との共感を発達させることによって、人は生涯を通じて社会における態度や行動の仕方を習得するのである。例を挙げれば、異民族や異なった宗教の考え方をいかに理解するかを教えることによって、大人の社会にありがちな憎悪や暴力につながる無理解を回避させることができる。だから宗教の歴史や風俗習慣を学習させることは、彼らの将来の態度や行動を決定づける有益な要素ともなるのである。

　言わずもがなであるが、この他者を認めるという教育に逆行するような教え方だけはするべきでない。教師が教条主義的になると、生徒の好奇心や批判精神を涵養するどころか、それらの芽を摘んでしまうことになり、逆効果以外の何ものでもなくなってしまう。教師が自らを生徒の手本だということを忘れれば、その態度によって生徒が他者の意見を容れる能力を弱めることにもなり、人と人の間、集団の間、国家の間の緊張状態を生徒の中に持ち込んでしまう結果になるのである。対話や討論によって他者との出会いをもつことこそ、21世紀の教育に必要な手段なのである。

(2)　共通目標のための共同作業

　人々がやれば報いのある共同活動に、日常生活から離れて一緒に行動すれば、他人との差異や仲違いすらその行動のなかに隠れ、埋没してしまう。そしてこのような共同活動が個人の日常性を超えた新たな帰属意識を生み、他者との差異よりも共通性に心が向かうようになるのである。多くの場合、たとえばスポーツなどにおいても、共通の努力を果たすことによって、社会階層や国籍の違いによる緊張は調和に変わりうる。仕事の世界でも同じであって、序列的組織にありがちな反目を共通目的によって超越しなけれ

ば、企業の発展などは望めないのである。
　だから、学校教育は子供たちにできるだけ早い機会から、スポーツや文化活動、あるいは地域活動、恵まれない人々に対する援助や奉仕活動、お年寄りへの援助活動などを通じて、共同作業ができるような十分な時間や計画を設けるべきなのである。学校以外の社会教育やボランタリーの組織なども、学校でできないような企画を考える必要があろう。さらに学校における日常生活でも、教師と生徒が一体となって活動することによってもめ事を解決でき、またそのことが生徒の将来に向けての指針となり得るし、同時に教師と生徒との関係を密にすることにもなるのである。

人間として生きることを学ぶ——*Learning to be*

　本委員会はその最初の会合から、教育は個人の全面的な発達、すなわち精神、肉体、知性、感性、美的感覚、責任感、倫理観のすべての発達に寄与するべきだという基本原則を繰り返し述べてきた。人はすべて人生のあらゆる場面において、自らが信じる方法によって自らの行為を決定できるように、自主的で批判的な思考発達を遂げるべきであり、独自の判断力を構築するべきなのである。
　1972年のエドガー・フォール報告書「Learning to Be」の序論は、技術の進歩の結果、世界が人間性を喪失するのではないかという危惧をあらわにし、「教育はすべての人に、自分自身の問題を解決し、自分自身で決定を下し、自分で責任を負う能力を持たせなければならない」と主張している。この報告書が公表されてからの社会のあらゆる変化、特にメディアの力の驚くべき台頭は、まさにこの危惧を目立たせるにいたり、そこから生じる事態に対処することが緊急の課題となってきた。そして21世紀にはこれらの現象はもっと顕著になるに違いないのである。
　そうなるともはや、子供たち一人ひとりが自らを取りまく環境を理解し、責任感と正義感をもって行動するために必要な力や知的な指針を絶えず与えるためには、所与の社会に当てはまる教育を施すことだけが問題ではなくなっているのである。教育の根本的な役割はこれまで以上に、人が自らの能力を発達させ、自らの生を御すために必要とされる自由な思考力、判断力、感受性、想像力を賦与することにあると思われるのである。
　このような規範はしかし、単に個人にとって必要であるだけではなく、人間性を疎外したり否定したりする体制から自らを護るといった、一見個人的な手段が、社会の発展のためにも最良の機会を与えることを、人類は数年前に目の当たりにしたはずである。個性の多様さや独自性、独創力、そして挑発的精神すら、これらはみな創造や革新を促す要素なのである。暴力を排し、社会の様々な病理に対処するには、経験の産物としての新しい幾つもの方法が効果的であることも、われわれは学んだのである。
　社会や経済の革新を原動力として、転変とどまることを知らない世界において、とりわけ重要なのは想像力と創造性という資質であることは疑う余地がない。この二つは人間の自由のもっと明白な表象であるはずだが、個人の行動や態度の画一化の影響を受けて、これらは危機に瀕しているように思われる。21世紀の世界は才能や個性の多様性を必要とするのみならず、通常の枠からはみ出したような人々も必要としているのである。このような人々はいかなる文明においても、不可欠な存在だった。

だからこそ、青少年に対して美術、芸術、スポーツ、文化、社会など、いずれの分野においても発見し、経験することができるように、あらゆる機会を提供すること、そして同時代人や先人の創造物に触れさせることが重要なのである。芸術や詩は文化としてではなく、実学的な教育として教えられている。学校におけるこれらの教育はもっと重視されてしかるべきであるが、多くの国でそうはなっていないのが現状である。想像力と創造性を発達させたいというからには、大人・子供を問わず経験に基づく話し言葉による文化や知識に対しても相応の留意をするべきであろう。

本委員会は「Learning to Be」(訳者註：前掲のエドガー・フォールの報告)に述べられている、「人間開発の目的は、個性の豊かさと自己表現や信念の多様さにおいて、個として、家族の一員として、市民として、創造者として、発明者として、そして夢想家としての個人の全き完成にある」という原則に諸手を挙げて賛意を表するものである。生まれたときから生涯の終わりまで続く個の発達は、自己を知ることから始まり、自己と他者との関係を築くという対話的過程でもある。その意味で教育とは、何にもまして心の旅路であり、その里程標は絶え間ない人格形成の過程である。教育が社会人として成功するための手段だとすれば、それもまたきわめて個人的な過程であると同時に、社会における様々なつながりを築き上げてゆく過程でもある。

いうまでもなく、これまでに述べた教育の四つの柱は、人生における特定の時期や場所だけに当てはまるものではない。次の章で明らかにするように、だれもが生涯を通じて、より幅の広い教育環境から最大限の恩恵を受けることができるよう、教育の諸段階や諸領域はもう一度再検討されるべきであり、それらを互いに補い合い、互いに関わりのあるものとしなければならないのである。

指針と勧告

(1) 生涯を通じた学習は、「知ることを学ぶ」、「為すことを学ぶ」、「共に生きることを学ぶ」、「人間として生きることを学ぶ」という四本柱を基とする。

(2) 十分に幅の広い一般教養をもちながら、特定の課題については深く学習する機会を得ながら「知ることを学ぶ」べきである。このことはまた、教育が生涯を通じて与えてくれるあらゆる可能性を利用することが出来るように、いかに学ぶかを学ぶことでもある。

(3) 単に職業上の技能や資格を取得するだけではなく、もっと広く、多様な状況に対処し、他者と共に働く能力を涵養するために「為すことを学ぶ」のである。このことはさらに、自分の生活する地域や国における個人的な社会経験や仕事の経験を通して、あるいは学習と労働を交互に行う過程を通して、青少年がいかに行動するべきかということも意味するのである。

(4) 「共に生きることを学ぶ」ということは、一つの目的のために共に働き、人間関係の反目をいかに解決するかを学びながら、多様性の価値と相互理解と平和の精神に基づいて、他者を理解し、相互依存を評価することである。

(5) 個人の人格を一層発達させ、自律心、判断力、責任感をもってことに当たることができるよう、「人間としていかに生きるかを学ぶ」のである。教育はそのために、

　　　　記憶力、推理力、美的感覚、身体的能力、コミュニケーション能力といった個人の資質のどの側面をも無視してはならない。
　(6)　ややもすると学校教育制度は、知識の獲得を重視するあまり、他の三つの柱を犠牲にしてしまうきらいがあるが、今やより包括的な教育のあり方を考えることが肝要なのである。この見地に立って、将来の教育（その内容も方法も）を改革し、政策を立案しなければならない。

（出典：天城勲監訳（1997）『学習：秘められた宝　ユネスコ「21世紀教育国際委員会」報告書』ぎょうせい）

おわりに

　本書『教育の方法・技術論』を編む中で、筆者自身があらためて実感したことがあった。

　その1つは、少し長いタイム・スパンで見ると、これまで教育の方法・技術が不断に更新され続きた、ということだ。

　教育の方法・技術は、先人たちが営々と工夫を重ねて作り上げた、言わば知恵の結晶である。世界の文化的遺産と言ってもよい。

　しかしそのことは同時に、教育の方法・技術が、決して固定化された存在ではないことをも意味する。時代の変化、教育目標の変化などにつれて、教育方法はこれまでも革新され続けてきたし、今後もそうなる運命にある。

　もう1つ実感したのは、次代を担う若者たちに「学び方」を習得してもらうことの意義が、ますます大きくなっていることだ。

　情報化の進展につれて、授業で教えられる知識が、速いスピードで陳腐化している。そのスピードは、今後さらに加速することだろう。

　こうした事態に対応するべく、自らの知を更新できる「自立的な学習者」を育てることが大きな課題となる。新学習指導要領で、「何を学んだか」という結果だけでなく「どう学んだか」というプロセスが重視されるようになるのは、当然の成り行きだと言える。

　通読しておわかりの通り、本書に掲載されたすべての内容を、1学期間でマスターするのはそう簡単なことではない。教育の方法・技術についての理解をより深めるべく、学生時代はもちろん、教職についたあとでも本書を座右に置き、折に触れて活用していただければ、と願っている。

2019年1月

編者　渡部　淳

索引

アルファベット

AI ……………………… 124
AR ……………………… 134
A問題＝「主に知識」を問う
　問題 …………………… 87
B問題＝「主に活用」の力を
　問う問題 ……………… 87
CBT …………………… 134
CSR ……………………… 20
DeSeCo ………………… 81
DeSeCoプロジェクト …… 92
EdTech研究会 ………… 136
eポートフォリオ ……… 135
GHQ …………………… 52
Google Classroom ……… 132
IB（国際バカロレア）…… 94
ICT …………………… 122
ICT機器 ………………… 18
ICT専門職員 …………… 22
IoT …………………… 124
iPad …………………… 128
Java …………………… 135
KP法 …………………… 133
LINE外し ……………… 127
OECD（経済協力開発機構）
　……………………… 21, 81
PDCAサイクル ………… 15
PISA …………………… 81
PISA2015 ……………… 92
PISA調査（学習到達度調査）
　……………………………… 86
Skype ………………… 130
SNS …………………… 125
Society 5.0 …………… 136
TALIS ………………… 21
The Common Application
　……………………………… 136

TIMSS ………………… 64
TIMSS（国際数学・理科教育
　動向調査）……………… 87
Wi-Fi ………………… 125

あ行

『あかるい社会』 ………… 58
アクティビティ（学習技法）
　…………………… 6, 139-156, 143
アクティブ・ラーニング … 4,
　5, 6, 10, 117, 118, 119, 140
アクティブ・ラーニング型授
　業 …………………… 152
「足場かけ」（スキャフォルデ
　ィング）理論 …………… 73
新しい学力観 ………… 116
アメリカ教育使節団 …… 52
アリエス
　Aries, P. ……………… 37
暗黙知 …………………… 24
イエナプラン …………… 62
板倉聖宣 ………………… 45
伊那小学校 ……………… 55
イリッチ
　Illich, I. …………… 37, 76
インターネット元年 …… 124
ヴァージニア・プラン
　…………………………… 36, 43
ヴィゴツキー
　Vygotsky, L. S. ……… 70
ウィネトカ・プラン …… 36
ヴェンガー
　Wenger, E. …………… 78
ウォッシュバーン
　Washburne, C. ……… 36
梅根悟 …………………… 53
英語の4技能 ………… 131

栄養教諭 ………………… 22
エレン・ケイ
　Key, E. ………………… 35
エンゲストローム
　Engeström, Y. ……… 78
援助者 …………………… 11
及川平治 …………… 41, 105
オスウィーゴ運動 ……… 34
おちこぼれ ……………… 45

か行

海後勝雄 ………………… 53
外国語活動 ……………… 30
外国語練習設備 ………… 36
科学教育協議会 ………… 55
「鍵となる力」（キー・コンピ
　テンシー）……………… 92
学習指導要領
　…………… 14, 36, 50, 104, 106,
　107, 108, 109, 110, 117
学習指導要領一般編（試案）
　……………………………… 53
学習者 …………………… 11
学習者の心理 …… 104, 113, 116
学習の転移 ……………… 37
学制 ………………… 37, 38
学籍に関する記録 ……… 29
拡張的学習論 …………… 78
獲得型学習理論 ………… 141
学年制 ………………… 136
学歴フィルター ………… 117
学校インターンシップ …… 23
学校裏サイト ………… 127
学校教育法 ……………… 14
学校教育法施行規則 …… 14
学校図書館 ……………… 18
学校文化 ………………… 16

活用……………………47	教職追放………………52	子どもたちだけの世界……127
体ほぐし………………131	行政研修………………51	個別化…………………124
カリキュラム……………14	協同学習………………142	巨摩中学校………………55
カリキュラム・マネジメント	協同学習理論……………141	コミュニティ・スクール運動
………………………17	協同型学習………………97	………………………36
川口プラン……………44,53	共同的な学び……………143	コメントシート……………28
考える力………116,117,118	興味・関心	コール
官製研修………………51	………104,111,113,116	Cole, M. ………………77
観点別学習状況の評価（観点	キルパトリック	コンドルセ
別評価）……………25	Kilpatrick, W. H. ………36	Condorcet, M. C. ………32
官報……………………15	クイズショー……………130	コンピテンシー…………81
記紀神話………………52	久保島信保………………55	
木下竹次……………41,105	クラブ活動………………50	**さ行**
キーボード操作…………126	グループワーク…………162	
逆コース………………57	黒田恭史………………62	斎藤喜博………………55
客観テスト……………27	グローバル教育…………80	サイバーパトロール……127
キャリア教育……………20	経験学習………………111	佐伯胖…………………78
教育委員会………………14	経験主義………………53,72	境小学校………………55
教育科学研究会…………55	経済産業省………………136	佐倉学…………………113,114
教育課程……………14,44,50	形成的評価………………26	桜田プラン……………44
教育課程外（課外活動）…50	系統学習……44,107,111,119	佐藤学…………………65
教育基本法…………14,53,175	系統主義………………54,72	澤柳政太郎……………41,105
教育資源………………18	ケース・スタディ………24	参加・獲得型授業………4
教育実践………………50	ゲスト講師………………20	試案……………………15
教育における機会均等……16	言語活動の充実…………135	思考力………………108,116
教育ニ関スル勅語（教育勅語）	検定制度………………57	思考力，判断力，表現力…14
………………………39	コア・カリキュラム	自己開示………………129
教育の過程………………37	………41,44,107,113	自己肯定感……………129
教育の現代化…………37,45	コア・カリキュラム連盟	自己効力感………………28
教育の質保証……………15	………………53,75,113	自己評価………………27
教員研修………………21	合自然性………………34	自主研修………………23,51
教員の資質・能力………23	構成主義………………69	司書教諭………………19
「教員の地位に関する勧告」	公正に個別最適化された学び	実践的指導力……………23
………………………16	の実現………………136	児童会…………………50
教員の「働き方改革」……22	高等学校学習指導要領……178	指導助言………………15
教員文化………………24	校内研修……………24,51	児童中心主義……………24
教員養成審議会…………23	合理的配慮協力員………22	指導と評価の一体化……26
教科外活動…………14,44	互換性…………………126	指導に関する記録………29
教科教育………………50	国際バカロレア資格………94	児童の権利条約………37,186
教科の枠……………104,116	国際バカロレアの学習者像	児童の世紀………………35
教科用図書検定制度………57	………………………96	指導要録………………29
教室の事実………………63	国際バカロレアの趣旨を踏ま	師範学校………………38
教授者…………………11	えた教育の推進………95	島小学校………………55
教授主義………………68	個人情報………………132	社会科見学………………18
教職員組合………………51	個人内評価………………27	習得……………………47

自由の森学園中学校・高等学校 ……………………55
授業研究 ………… 24, 50, 51
授業実践 ………………… 50
授業実践研究 …………… 50
主体的・対話的で深い学び
 ……………… 5, 15, 140
ショウ＆テル ………… 166
『小学校の日本歴史』 …… 58
常時接続 ……………… 124
情報革命 ……………… 122
助教法 …………………… 32
食育 ……………………… 20
職業指導 ………………… 15
職業体験 ………………… 18
初任者研修 ……………… 24
庶物指教 ………………… 34
ショーン
　Schon, D. …………… 82
白井春男 ………………… 58
調べ学習 ………………… 53
新教育運動 ………… 104, 105
人工物 …………………… 77
深層学習 ……………… 124
診断的評価 ……………… 26
真理 ……………………… 56
数学教育協議会 ………… 55
杉崎瑢 ………………… 105
スキナー
　Skinner, B. F. ……… 36, 68
スクールカウンセラー …… 22
スクールソーシャルワーカー
 …………………………… 22
スコット
　Scott, M. M. ………… 38
スティグラー
　Stigler, J. W. ………… 64
スペンサー
　Spencer, H. ………… 34
スマートスクール構想 … 125
正課 ……………………… 23
生活科 ………………… 108
生活指導 ………………… 50
生活単元学習 ……… 41, 44
生活綴方運動 …………… 24

省察 ……………………… 25
正統的周辺参加論 ……… 78
生徒会活動 ……………… 50
生徒指導 …………… 15, 50
世界授業研究学会（WALS）
 …………………………… 64
絶対評価 ………………… 27
セルビー
　Selby, D. …………… 80
全国英語教育研究団体連合会
 …………………………… 55
戦後新教育
 …………… 104, 106, 107, 113
全身的な学び ………… 143
全人的発達 ……………… 21
総括的評価 ……………… 26
総合学習 … 104, 105, 106, 107,
　108, 111, 112, 113, 114,
　115, 116, 118, 119
総合学習「沖縄」 ……… 112
総合学習「ヒロシマ」
 ………………………… 111, 112
総合的な学習の時間 …… 29,
　104, 109, 110, 111,
　113, 114, 115, 117
相互評価 ………………… 27
相対評価 ………………… 27
双方向化 ……………… 124
ソーヤー
　Sawyer, R. K. ……… 68
ソーンダイク
　Thorndike, E. ……… 36

た行

大綱的基準 ……………… 16
第3の波 ……………… 122
大正新教育（大正自由教育）
 ……………… 104, 105, 113
大正新教育運動 … 24, 75, 104
大日本帝国憲法 ………… 39
高嶺秀夫 ………………… 34
脱学校の社会 …………… 37
『脱学校』論 …………… 76
棚橋源太郎 …………… 105

谷本富 …………………… 34
段階評価 ………………… 27
探究 ……………………… 47
探究型学習 ……………… 97
単元学習 ………………… 54
地域教育計画 ……… 44, 107
知識注入型授業 …………… 4
地方教育行政の組織及び運営
　に関する法律 ………… 15
チーム学校 ……………… 22
中央教育審議会 ………… 20
チョーク＆トーク ………… 3
ツィラー
　Ziller, T. ……………… 34
通知表 …………………… 29
ディスカッション／ディベート
 ………………… 3, 6, 11, 144
ティーチング・ギャップ … 64
ティーチング・マシン
 …………………………… 36, 44
ディープラーニング …… 124
ディプロマ・プログラム（DP）
 …………………………… 94
ディベート ………… 140, 158
デジタル化 …………… 124
デジタル教科書 ……… 127
デジタルネイティブ世代
 ………………………… 124
デューイ
　Dewey, J. ……… 35, 53, 73,
　104, 105, 106
電子黒板 ……………… 127
統一学校運動 …………… 36
道徳の時間 ……………… 44
遠山啓 …………………… 54
特色ある学校づくり …… 17
特別活動 …………… 29, 50
特別教育活動 …………… 44
特別支援教育 …………… 22
特別の教科 ……………… 50
特別の教科道徳 ………… 30
トフラー
　Toffler, A. ………… 122
ドラマワーク ……… 144, 162
トランスクリプト ……… 63

ドリカム……………114, 115
ドリカムプラン……114, 115
鳥山敏子……………………61
ドルトン・プラン…………36
ドロール・レポート………164

な行

内申書………………………29
ナトルプ
　Natorp, P. ………………35
『にっぽんご』………………58
日本教職員組合……………57
日本国憲法…………………53
日本作文の会………………55
日本生活教育連盟…………53
ニュースショー…………130
『人間の歴史』………………58
ネチケット………………128
ネットリテラシー………128
年間指導計画………………16

は行

パイク
　Pike, G. ………………80
はいまわる経験主義………54
パーカー
　Parker, F. W. …………35
パーカスト
　Parkhurst, H. …………36
恥ずかしさ………………131
八大教育主張………………41
発見学習……………………37
発達の最近接領域…………72
パフォーマンス・スタンダード………………………15
パフォーマンス評価………26
バフチン
　Bakhtin, M. M. …………77
パラダイムシフト………122
判断力………………108, 116
ピアジェ
　Piaget, J. ………………69
東六郷中学校………………55
非客観テスト………………28
樋口勘次郎………105, 116
ヒックス
　Hicks, D. ………………80
ビッグデータ……………124
ビデオレター……………130
評価規準……………………29
評価の3側面………………26
評価の4観点………………26
表計算ソフト……………126
表現者………………………11
表現力………………108, 116
表現力トレーニング
　………………165, 169, 170
標準正規分布………………27
評定…………………………25
フィンランド・メソッド…62
部活動………………………50
フーコー
　Foucault, M. ……………37
『ブタのいた教室』…………62
プラグマティズム（実用主義）
　……………………………74
ブルーナー
　Bruner, J. S. ……………37, 73
ブルーム
　Bloom, B. S. ……………26
フレイレ
　Freire, P. ………………76
プレゼンテーション……158
プレゼンテーション技法
　…………………………144
フレネ教育…………………62
フレーベル
　Frobel, F. W. A. ………34
ブログ……………………132
プログラミング教育……135
プログラミング言語……135
プログラミング的思考…135
プログラム学習………36, 44
プロジェクタ……………127
プロジェクト学習
　………………97, 111, 118, 154
ペスタロッチ
　Pestalozzi, J. H. ………34
ベル
　Bell, A. ……………………32
ヘルバルト
　Herbart, J. F. ………34, 105
偏差値………………………27
北条プラン…………………53
法的拘束力…………………15
北海道学力テスト事件最高裁
　判決……………………16
ホットシーティング……161
ポートフォリオ……………28
ボランティア………………18
本郷プラン…………………44

ま行

牧口常三郎………………105
学びのポートフォリオ…135
ミドルリーダー……………23
明星学園小学校・中学校…55
未来の教室………………136
民間教育運動………………51
民間教育研究運動…………51
民間教育研究団体……25, 51
無線LAN………………125
無着成恭……………42, 56
目標に準拠した評価………25
ものづくり…………………60
問題解決学習…44, 53, 75, 111
モンテッソーリ
　Montessori, M. ……35, 105
モンテッソーリ教育………62
モンテッソーリ法…………35

や行

ゆとり教育…………………50
ユネスコ（国際連合教育科学
　文化機関）……16, 36, 163
ユネスコ学習権宣言……181
ユネスコ国際教育指針
　……………………80, 183
ユネスコ21世紀教育国際委
　員会報告書………164, 189
養護教諭……………………22

淀川茂重……………… 105
四大改革指令……………52
四大指令…………………52

ら行

ライン
　　Rein, W.………………34
ランカスター
　　Lancaster, J.………32
ラングラン
　　Langrand, P.………37
リサーチワーク………… 144
ルーブリック………………28
レイブ
　　Lave, J.………………78
歴史教育協議会……………55
レッスン・スタディ………64
レディネス…………………26
ロイロノート……………128

わ行

『わかる算数』……………58
ワークシート…………… 126
ワークショップ型授業…… 154
ワーチ
　　Wertch, J.………………77
ワードプロセッサ……… 126
ワールドスタディーズ……80

編者・執筆分担

渡部　淳（わたなべ　じゅん）……はじめに、第1章、第10章、資料編、おわりに
日本大学文理学部　教授

執筆者（五十音順）・執筆分担

香川七海（かがわ　ななみ）……………………………………第4章
日本大学法学部　助教

古賀　徹（こが　とおる）………………………………………第6章
日本大学通信教育部　教授

杉森知也（すぎもり　ともや）…………………………………第2章
日本大学文理学部　教授

永塚史孝（ながつか　ふみたか）………………………………第3章
日本大学国際関係学部　教授

初海　茂（はつうみ　しげる）…………………………………第9章
元 東京都公立中学校　教諭

宮崎充治（みやざき　みちはる）………………………………第5章
弘前大学教育学部　教授

山岸竜治（やまぎし　りゅうじ）………………………………第7章
日本大学生産工学部　准教授

和田俊彦（わだ　としひこ）……………………………………第8章
跡見学園中学校高等学校　教諭

Next 教科書シリーズ　教育の方法・技術論

2019（平成31）年2月28日　初版1刷発行

編　者	渡　部　　　淳
発行者	鯉　渕　友　南
発行所	株式会社　弘文堂

101-0062　東京都千代田区神田駿河台1の7
TEL 03(3294)4801　　振替 00120-6-53909
http://www.koubundou.co.jp

装　丁	水木喜美男
印　刷	三美印刷
製　本	井上製本所

©2019 Jun Watanabe. Printed in Japan

JCOPY〈(社)出版者著作権管理機構　委託出版物〉

本書の無断複写は著作権法上での例外を除き禁じられています。複写される場合は、そのつど事前に、(社)出版者著作権管理機構（電話 03-5244-5088、FAX 03-5244-5089、e-mail : info@jcopy.or.jp）の許諾を得てください。
また本書を代行業者等の第三者に依頼してスキャンやデジタル化することは、たとえ個人や家庭内の利用であっても一切認められておりません。

ISBN978-4-335-00240-3

Next 教科書シリーズ

好評既刊

授業の予習や独習に適した初学者向けの大学テキスト

(刊行順)

『心理学』[第3版]　和田万紀＝編
　　　　　　定価(本体2100円＋税)　ISBN978-4-335-00230-4

『政治学』[第2版]　吉野　篤＝編
　　　　　　定価(本体2000円＋税)　ISBN978-4-335-00231-1

『行政学』[第2版]　外山公美＝編
　　　　　　定価(本体2600円＋税)　ISBN978-4-335-00222-9

『国際法』[第3版]　渡部茂己・喜多義人＝編
　　　　　　定価(本体2200円＋税)　ISBN978-4-335-00232-8

『現代商取引法』　藤田勝利・工藤聡一＝編
　　　　　　定価(本体2800円＋税)　ISBN978-4-335-00193-2

『刑事訴訟法』[第2版]　関　正晴＝編
　　　　　　定価(本体2500円＋税)　ISBN978-4-335-00236-6

『行政法』[第3版]　池村正道＝編
　　　　　　定価(本体2800円＋税)　ISBN978-4-335-00229-8

『民事訴訟法』[第2版]　小田　司＝編
　　　　　　定価(本体2200円＋税)　ISBN978-4-335-00223-6

『日本経済論』　稲葉陽二・乾友彦・伊ヶ崎大理＝編
　　　　　　定価(本体2200円＋税)　ISBN978-4-335-00200-7

『地方自治論』[第2版]　福島康仁＝編
　　　　　　定価(本体2000円＋税)　ISBN978-4-335-00234-2

『憲法』[第2版]　齋藤康輝・高畑英一郎＝編
　　　　　　定価(本体2100円＋税)　ISBN978-4-335-00225-0

『教育政策・行政』　安藤忠・壽福隆人＝編
　　　　　　定価(本体2200円＋税)　ISBN978-4-335-00201-4

『国際関係論』[第3版]　佐渡友哲・信夫隆司・柑本英雄＝編
　　　　　　定価(本体2200円＋税)　ISBN978-4-335-00233-5

『労働法』[第2版]　新谷眞人＝編
　　　　　　定価(本体2000円＋税)　ISBN978-4-335-00237-3

『刑事法入門』　船山泰範＝編
　　　　　　定価(本体2000円＋税)　ISBN978-4-335-00210-6

『西洋政治史』　杉本　稔＝編
　　　　　　定価(本体2000円＋税)　ISBN978-4-335-00202-1

『社会保障』　神尾真知子・古橋エツ子＝編
　　　　　　定価(本体2000円＋税)　ISBN978-4-335-00208-3

『民事執行法・民事保全法』　小田　司＝編
　　　　　　定価(本体2500円＋税)　ISBN978-4-335-00207-6

『教育心理学』　和田万紀＝編
　　　　　　定価(本体2000円＋税)　ISBN978-4-335-00212-0

『教育相談』　津川律子・山口義枝・北村世都＝編
　　　　　　定価(本体2200円＋税)　ISBN978-4-335-00214-4

Next 教科書シリーズ ■好評既刊

(刊行順)

『法学』[第2版]　髙橋雅夫＝編
　　　　　　　　　　　　　　　　定価(本体2200円＋税)　ISBN978-4-335-00226-7

『経済学入門』[第2版]　楠谷　清・川又　祐＝編
　　　　　　　　　　　　　　　　定価(本体2000円＋税)　ISBN978-4-335-00238-0

『日本古典文学』　近藤健史＝編
　　　　　　　　　　　　　　　　定価(本体2200円＋税)　ISBN978-4-335-00209-0

『ソーシャルワーク』　金子絵里乃・後藤広史＝編
　　　　　　　　　　　　　　　　定価(本体2200円＋税)　ISBN978-4-335-00218-2

『現代教職論』　羽田積男・関川悦雄＝編
　　　　　　　　　　　　　　　　定価(本体2100円＋税)　ISBN978-4-335-00220-5

『発達と学習』　内藤佳津雄・北村世都・市川優一郎＝編
　　　　　　　　　　　　　　　　定価(本体2000円＋税)　ISBN978-4-335-00221-2

『哲学』　石浜弘道＝編
　　　　　　　　　　　　　　　　定価(本体1800円＋税)　ISBN978-4-335-00219-9

『道徳教育の理論と方法』　羽田積男・関川悦雄＝編
　　　　　　　　　　　　　　　　定価(本体2000円＋税)　ISBN978-4-335-00228-1

『刑法各論』　沼野輝彦・設楽裕文＝編
　　　　　　　　　　　　　　　　定価(本体2400円＋税)　ISBN978-4-335-00227-4

『刑法総論』　設楽裕文・南部　篤＝編
　　　　　　　　　　　　　　　　定価(本体2400円＋税)　ISBN978-4-335-00235-9

『特別活動・総合的学習の理論と指導法』　関川悦雄・今泉朝雄＝編
　　　　　　　　　　　　　　　　定価(本体2000円＋税)　ISBN978-4-335-00239-7

『教育の方法・技術論』　渡部　淳＝編
　　　　　　　　　　　　　　　　定価(本体2000円＋税)　ISBN978-4-335-00240-3